生活需要孤独感

李思圆 著

长江出版传媒
长江文艺出版社

新出图证（鄂）字 03 号
图书在版编目（C I P ）数据

生活需要孤独感. / 李思圆著. -- 武汉：长江文艺出版社，
2019.7（2019.7重印）
ISBN 978-7-5702-1136-4

Ⅰ.①生… Ⅱ.①李… Ⅲ.①人生哲学—通俗读物
Ⅳ.① B821-49

中国版本图书馆 CIP 数据核字（2019）第109939号

图书监制：胡　家　　装帧设计：阿　鬼
责任印制：张　涛　　责任编辑：薛纪雨　韩成建
责任校对：杨典雅

出版：长江出版传媒 | 长江文艺出版社
地址：武汉市雄楚大街 268 号　　邮编：430070
发行：长江文艺出版社
北京时代华语国际传媒股份有限公司　（电话：010-83670231）
http：//www.cjlap.com
印刷：唐山富达印务有限公司

开本：880毫米 ×1230 毫米　1/32　　印张：8
版次：2019 年 7 月第 1 版　　2019 年 7 月第 2 次印刷
字数：100千字

定价：42.00 元

目录 CONTENTS

第一章 孤独 是生命的礼物

第二章 自律的顶端，就是孤独

第三章 努力是一场孤独的奋斗

第四章 爱情是两个人的狂欢，孤独是一个人的盛宴

第五章 生活需要孤独感

第一章

孤独是生命的礼物

孤独是人生的底色，不要惧怕，就像你不害怕活着那样；孤独是自由的别名，欣然接受，就像你担得起自由那样。

以自己喜欢的方式过一生

01

看过，这样一段演讲词："请珍惜你内心的渴望，而不是忽视它，压抑它，掐灭它。做自己喜欢的且擅长的事情，而不要人云亦云，心浮气躁，不要去跟别人攀比，做最好的自己足矣。

当然，选择自己心之所属的事物并坚守，有时可能并不是一件容易的事情，但如果你能做到这一点，你就会有更多的淡定和从容，更多的积淀和突破，更多的喜悦和快乐。"

也许很多人都觉得，此话有理，但就是做不到。

因为在现实生活中，有太多羁绊、束缚和不得已，它们让你整天缠在柴米油盐、工资薪水，以及儿女情长的细碎小事中无法抽身。

我们害怕失去，害怕犯错，害怕失败。所以我们宁愿固守在自己的一亩三分地里将就凑合地过日子。

但是到最后你会发现，能让你真正快乐，感到有所成就不负此生的时刻，并不是按照世人的标准活成了别人希望你成为的样子。

而是你按照自己的意愿和想法去尝试做喜欢做的事，去见你想要见的人，去实践你想要的人生。

02

这是一个读者的亲身经历。

他大学所学专业是计算机技术，毕业以后，因为不喜欢干这行尝试了其他工作。

他卖过酒，做过广告设计，还去做过汽车销售，可是无论干什么都找不到出路，顶多算是勉强维持生计。

他迷茫过，绝望过，自暴自弃过。

后来，他想通了，干脆继续干着解决温饱的工作，然后再利用一切闲暇时间，努力学自己喜欢的摄影。

那个时候，一到节假日，他就免费去当别人的帮工。帮别人扛包、拉箱、背机器，他任劳任怨，没有一丝不情愿。

支撑他做下去，忍下去的动力，就是想要拜师学艺，学一门手艺，然后通过做自己喜欢的事养活自己，这其中的艰辛可想而知。

三年后，他凭借坚强的毅力和不懈的努力，慢慢地学有所成。

后来他辞了工作，成了一名真正的独立摄影师，拍摄过的明星、名人也不在少数。

他说，我做梦也没想到，自己当初的想法居然真的实现了。

我们心中都有想要做的事。但让我们始终不肯迈开脚步的最大原因就是，害怕结果差强人意。

其实当你真正去尝试之后，会发现，重要的不是结果，也不是你非要不顾一切，从头再来。而是为了心中的渴望，认真用心地努力过。这样的感受和经历，足以让你终身受益。

03

我有个亲戚，他一直很喜欢一个姑娘，但一直羞于开口，他害怕挑明以后，既做不成朋友，也成不了恋人，最后让两人十分尴尬。

我告诉他，喜欢一个人并没有错，也不是什么丢人的事。

如果是真朋友，她不会因为这点彻底跟你断交。但如果你不去表白，可能就会永远错过了彼此相爱的可能。

后来这个亲戚主动约了那个姑娘，之后，他们真的谈起了恋爱。虽然半年以后，两个人因为性格不合分手了。

可是亲戚说，自己一点儿也不后悔。

毕竟真正去追求过了，也就放下了心中的执念。但如果当初，没有那一腔孤勇，可能一辈子都在心底惦记着这事儿。

我们都曾暗自喜欢过一个人。很多时候，我们被想象中的顾虑打消了想要在一起的念头。

有过牵挂，才能了无牵挂，有过执着，才能放下执着。

原本我们以为，表达出自己的真心，被人拒绝后会很痛苦，或者真在一起后，对方不是自己想要的人会更揪心。

但最折磨人的却是你连试一试的勇气都没有。

以至于它会一直萦绕在你心里，时不时地来侵扰你，让你无法做到真正的释怀。

04

可能许多人，都有这样的想法吧。

做自己该做的事，结交该认识的人，过上该过的生活，已经非常不容易了，就更别提，让藏在心里遥不可及的理想成为现实。

但是，去做你想做的事原本没那么难。

一旦你为自己提前设了限制，就会关闭掉一切可能性，也不会真正付诸行动，为此而努力。

其次，去见你想见的人也没那么难。阻挡我们真心的，不是山高水长，而是你的患得患失，让你既提不起，又放不下。

去成就你想要的人生，其实不难，因为你才是自己人生的掌舵者，是跟随大众，走寻常路，还是跟随内心，走想走的路。重点在于你是否有担当，有能力，有决心。

我们都以为，阻挡我们变得更好的，是不得不做的工作，不得不照顾的父母，不得不将就的生活。

可是扪心自问，真的是抽不出时间，没有精力……阻碍了你心之所求的目标了吗？

记得稻盛和夫曾说：“内心不渴望的东西，不可能靠近自己。同时你若真想如愿，就一定有办法。”

如果一个人竭尽全力，也未能如愿，这并不可怕，可怕的是你既不敢想，也不敢做，最后只能安慰自己说：反正也不可能了。

孤独感，现代人的精神流行病

01

认识一个二十四岁的姑娘。她在自己的规划下，终于实现了到西藏旅行的梦想。

当她跟我讲起川藏线上沿途的野花，碧水悠悠的塔公草原，以及遇见光影即成迷的新都桥，那些巍峨壮丽的高山，星星点点的牛羊，以及错落有致的藏寨时，别提有多惊喜和感动。

我挺佩服她的。毕竟她平日里也很忙，请假其实很困难。而且她刚工作不久，积蓄也并不多。可是她却告诉我，想要做自己喜欢的事其实并不难。

就拿旅行来说，但凡你心中萌生了想法，就要为此付诸行动，努力去实现它。比如时间不够，平时就多加点班，提前把工作安排好，以便调休；比如资金不足，日常开销，能节约时就不浪费；如果没人陪同，也可以自娱自乐，一个人单独去旅行。

但大部分年轻人的状态，却是这样的，他们一方面抱怨生活过的了无生趣，另一方面，每天耗费不少精力追剧、逛街、打游戏，同时花大把的钱，买奢侈品，去攀比炫耀。

旅行会开阔眼界，增长见识，遇见更多新鲜有趣的人事物，而混日子，除了变得愈加麻木无聊，就再也找不到任何一个闪光点。

许多时候，你的生活是否有趣，并不取决于外在条件的优劣，而在于你用怎样的方式去对待生活，在于你是否还有一颗求好向上的心；在于你是否愿意为了理想的生活去奋斗和努力。

02

再次见到刘辉时，他给人的印象简直有脱胎换骨般的变化。

以前刘辉总跟我说生意不好做，压力太大，社交应酬太多……后来，他感到这样的生活实在无聊，于是决定去香港大学进修一年学习市场管理。

那一段日子，他非常忙碌，既要兼顾生意，又要忙学业，可神奇的是，这时的忙跟以往的忙有着明显区别。

以前，他的生活目标就是单一的为了挣钱。可是现在，他接触了更好的导师，认识了更多优秀的人才，接触面广了，他突然发现，自己的世界变大了。

以前他干什么都提不起兴趣，可是现在，他可以为了一个二千字的作业，翻阅五本一百多万字的专业书，且越求知越快乐。

我问过他，你觉得中年人有家有事业后再去读书，还有什么意义？

他给我打了一个比方，以前觉得自己的人生已经定型了，只可能一条路走到底，但现在发现，人生选择的可能性还有这么多，既可以往左，也可以往右，甚至可以沿着山路十八弯，不停地去尝试和发现。

原本许多中年人的生活，只能用寡淡无味、无聊至极、万不得已来形容。

因为他们上有老下有小，肩上的责任重。于是很多人，凡事得过且过，只求安稳，习惯性的待在舒适区，再也没了求知欲和上进心，但在同龄人里依旧把日子过得生趣盎然的人却懂得，无论在任何年纪都不给人生设限，都要尽可能地去丰富、充实、提高自己。

03

前几天，我参加省作协培训。

在自我介绍时，我发现了一位将近七十岁的老太太。她说，自己年轻时，就有一个作家梦，但因为工作的原因，一直忙于编辑当地的县志，退休后，又因为带孙子，参加老年团，还有各类杂七杂八的事情而耽误了。

直到三年前，她觉得自己再不写就真的没机会了，于是利用大概一年半的时间，写了二十多万字的书，那是一本从唐代到现代的穿越小说，她一个两鬓斑白的老太太，以一个十三岁小姑娘的口吻写的女主人翁。

因为当她小时候读到杜牧的那首《赠别》里的：“婷婷袅袅十三余，豆蔻梢头二月初，春风十里扬州路，卷上珠帘总不如”时，就觉得其中有故事，所以以此为线索，写出心中那最美好感人的爱情。

最后她说，自己还会怀着饱满的热情，继续创作，直到生命结束的那一天。

当时我录下了这段视频，心中不由感慨，人跟人之间最大的差别就在于你是否还拥有梦想。

许多人都害怕自己慢慢老去，因为老了，就意味着你能做的事，越来越少，心有余而力不足的时候，越来越多。

可是有趣的人，哪怕年纪再大，都同样活得有滋有味。记得富兰克林曾说，有的人二十五岁就死了，只是到了七十五岁才埋葬。也有的人直到七十五岁还依旧是个少年，因为时光永远不会抛弃那些心中仍有追求，拥有希望，还在追梦路上的人。

04

如今许多人总感觉无论是生活还是工作都极其没有意思。

当你对自己的要求变低，以敷衍的态度做事，以凑合的心态过日子时，在你身边，就只能出现无滋无味、味同嚼蜡、毫无生趣的人和事。

如果你年轻时，只是待在家里，玩手机，刷微博，看抖音，那么你的生活自然会变得无趣，当你走出家门，欣赏大自然，了解乡土人情，感知周围世界的人，会感受到更加富足的世界。

最后你会发现，真正有趣的人，他们的内心里，就有诗和远方，他们的行动中，就注入了山川湖海，他们是那群激情澎湃，永不止步，不断往前行的人。

做自己的摆渡人

01 婚房

有一对恋人，因为婚房的事闹崩了。

女方要求，必须要在婚前全款买套房，并且加上她的名字。男方不同意，觉得太不合理，凭什么花自己的钱，对方却不劳而获？

女方可能是希望有套房作为婚姻的保障。男方可能觉得，女方太过拜金。我不想去评论好坏，因为各有各的立场。

我只是时常在想，我们结婚究竟是为了什么？

也许我们无法逃避现实问题，我们会为了房子、车子、票子，在婚姻里苦苦挣扎和周旋。

但我总认为，剔除这些物质的牵绊，在婚姻里，应该还有互相的信任、担当和笃定。

当我们真正爱一个人时，不应该有太多的防范、计较和衡量，因为我们不是在做生意，必须要算的一清二楚，不吃一点亏。

不知是我太理想主义，还是婚姻太残酷。

说起结婚，大家的重点大多会放在对方有没有稳定的工作，家境好不好，父母有没有退休工资这样的问题上。

可我想说的是，婚姻里难道不应该有许多聊不完的废话，无理由的心疼，以及无论遭遇什么，彼此都不离不弃的决心吗？

02 镜子

前段时间，我想买一个镜子放在办公室，偶尔照照。于是就有同事推荐，某品牌的镜子，特别精致好看，不过价格稍贵。

可是最后，我在下班的路上，碰到了一个骑着脚踏三轮车的老人，车上拉着一些七零八碎的小杂物，俨然是一个小型的杂货铺。

我一看，这不是有镜子吗？于是仅仅花了三块钱就买了一块红色胶条，还有大朵印花，乡村气息非常浓厚的大镜子。

同事有一天经过，看到我在用这个镜子。特别诧异地说：“这么土，你也买？”

我理直气壮地说：“只要可以照就行啦。”同事几乎用无药可救的眼神，看了我一眼，然后走开了。

有时我常常发现，自己的购物观总是跟周围的人有些格格不入。当然也不是说，我从不买贵的，因为有许多东西，真的是一分钱一分货。

但我觉得，买得起贵的是一种能力。不嫌弃便宜的是一种修养。能够两者兼得，自由切换，并且不被物欲所累的人，才会活得快乐、简单和从容。

我并不想一味地推崇节俭，因为好的东西真是一分钱一分货。但也不是一味地追求奢侈，因为即便花不了太多钱，也一样可以吃饱穿暖，好好过日子。

重要的从来不是你买的东西能给你带来多少面子和优越感，而是这件东西本身是否发挥了它应该发挥的价值。

03 旅行

以前外出旅行，我会提前几天收拾行李，出一次门，就像搬一次家。

今年夏天，我表现的很淡定，并没有特意去收拾所谓的行李。

而是在出发的头一晚，花了半小时，在书包里放上了四样物件，三套换洗衣服，一袋洗漱用品，三本喜欢的书，一个平板电脑。

在这半个小时里，至少有十五分钟，我都在纠结该带哪一本书好。如果换作从前，我会纠结该带哪条裙子。

其实这几年，我有个很大的转变，就是发现自己真正需要的东西越来越少。我并没有刻意去追求极简的生活，而是在不知不觉中，就喜欢上了轻装出行。所以哪怕你告诉我，明天要去环游世界，我带的东西可能也就这几样。

所以在我看来，无论是对人还是对物，我们一直在给自己做加法，觉得这也舍不得，那也放不下，这也用得着，那也丢不得，其实一旦你有这样的心态就会活得特别累。

反而是挂碍越少，负累越少，惦记越少的人，才越容易活得自由和洒脱。

原本我们都以为，拥有的越多，心里就越踏实，越有安全感，所以我们想要拽在手里，放在身上，搁在心底的事物就越来越多。

人赤裸裸的来到这个世界，离开时也不可能带走任何一片云彩。

只有将内心腾出更多的时间和空间，才能给灵魂留下一席之地，才能让身心保持平衡，不至于失调。

人生漫长，活得轻松点

你是否有这样的感受，人越长大，越不快乐。

我们总是以为拥有的还不够多，未来还不够明朗，运气总是不太好……可是等到你真正成熟以后才会发现，原来人生并非你所想的那么悲观、焦虑、不如意。

01 知足常乐

有一个人在河边钓鱼，他钓了非常多的鱼，但每钓一条鱼就拿尺量一量。只要比尺子大的鱼，他都丢回河里。

其他钓客不解地问："别人都希望钓大鱼，为什么只有你将大鱼都丢回河里呢？"

这人轻松地回答："因为我家的锅只有尺这么长，太大的鱼装不下。"

这就是一种生活态度，还有许多人，不惜一切代价追名逐利。

他们总以为，包里有更多钱，手里有更多权，就可以高枕无忧，过上真正安逸的日子。

于是他们不顾身体健康，舍弃陪伴家人和朋友的时间，丢掉心中的底线和原则，获得远超所需的物质和财富。

有一句话说，家财万贯，一日不过三餐，广厦万间，夜眠不过三尺。有的人身居陋室，一箪食，一瓢饮，依旧活得有滋有味。

而有的人哪怕吃着山珍海味，住别墅大宅，有随时发号施令的权利，也依旧活得苦不堪言。

对于物质，我们不必太贪婪，因为过犹不及，只会扰乱你的心智，打破你内心的平静，时时让你感到不安和焦虑。

而适可而止，却会让你在理智和克制中，随时保持一份清醒和淡泊的心境，不至于迷失在物欲横流的世界中。

不懂知足的人，欲望和野心只会越来越大，最终到了欲壑难填的地步。而懂知足的人，却能从已拥有中寻找到最本真和简单的心安。

佛语有云："知足之法，即为富乐安稳之处。知足之人，虽卧地上，尤为安乐。不知足者，虽处天堂，亦不称意。不知足者，虽富而贫，知足之人，虽贫而富。"

更多时候，在解决基本的温饱之外，你过得快乐与否，跟你的所取所得并无太大关系。

与其耗尽一生，去追求无止境的身外之物，不如把更多时间和精力，用于心灵的净化，精神的洗礼，以及心态的调整中。

02 活在当下

从前，有个小和尚每天早上负责清扫寺庙院子里的落叶。

清晨起床扫落叶实在是一件苦差事，尤其在秋冬之际，每一次起风时，树叶总随风飞落下。

每天早上都需要花费许多时间才能清扫完树叶，这让小和尚头疼不已。

后来有个和尚跟他说：“你在明天打扫之前先用力摇树，把落叶统统摇下来，后天就可以不用扫落叶了。”

于是小和尚隔天起了个大早，使劲地摇树，这样他就可以把今天跟明天的落叶一次扫干净了。一整天，小和尚都非常开心。

第二天，待小和尚到院子里一看，不禁傻眼了：院子里如往日一样落叶满地，于是他很沮丧伤心。

这时老和尚走了过来，对小和尚说：“傻孩子，无论你今天怎么用力，明天的落叶还是会飘下来。”

不知你是否发现，快节奏下生活的我们，活得很心累。

其实并不是我们真的遭遇了多大的不幸，面对了多大的难题，有多少过不去的坎，而是我们太过忧虑。

比如刚毕业就焦虑多久能攒够钱买房买车。刚入职，就焦虑多久能得到升职加薪的机会。刚恋爱，就着急多久能时机成熟结婚生子。

其实每个成年人都曾经历过这样的阶段。

一方面是赤裸裸的现实给了我们无形的压力，比如没房很难解决个人问题，没钱要受许多委屈，三十岁就得功成名就儿女双全。

另一方面，无论对于事业、爱情还是婚姻，我们都害怕赶不及、来不及，生怕错过了任何一趟末班车。

其实人生的进度条，有其自己的规律和时间。许多事，你急不得也急不来。

你只管立足脚下，今天的苦今天受，明天的甜明天尝。努力去做好该做的事，珍惜好该珍惜的人，任何试图提早摆脱痛苦，扫除障碍的做法，都极易造成弄巧成拙。

03 及时止损

一个女孩遗失了一只心爱的手表，一直闷闷不乐，茶不思、饭不想……甚至因此而生病了。

神父来探病时问她：“如果有一天你不小心掉了十万块钱，你会不会再大意遗失另外二十万呢！”

女孩回答：“当然不会。”神父接着说：“那你为何要让自己在掉了一只手表之后，又丢掉了两个礼拜的快乐！甚至还赔上了两个礼拜的健康呢！”

女孩如大梦初醒般地跳下床来说：“对！我拒绝再损失下去，从现在开始我要想办法，再赚回一只手表”。

也许你看了这则故事，会嘲笑这个女孩的做法，太幼稚，可是许多时刻，当旁观者变为当局者，却会做出一样愚蠢的决定。

因为及时止损说起来简单，但真正做起来却很难。因为人人都害怕失去，失去了以后，也会有抗拒和逃避的想法。

但是如何认清现实，处理问题，快速的从中抽离出来，就要看每个人拥有怎样的智慧和能力。

比如有时，我们遇到了一些让人糟心的人和事，你可能会感到很气愤，很无辜，可无论是你的运气不好，还是对方的错，事实已经发生无法改变，彼时，把伤害降到最小化，你才能少吃点亏。

西方有一句谚语说：不要为了打翻的牛奶哭泣，也不要为了离开的人伤心，更不要为了不属于你的东西追悔不已。

因为人生中，总会有太多不如意，不顺遂，如果总跟往事过不去，就是跟自己过不去。大多数时候，也许我们无法决定事情的好坏，结果如何，但事情对我们最终的影响，却是我们自己可以掌控的。

学不会及时抽身的人，只能掉在泥淖里无法翻身。

所以不跟糟糕的人和事较劲，学会及时从伤痛、错误、失败中，调整状态，重新出发，才是最明智的做法。

快乐，更多时候是一种内心的感受。

当一个人在物质上，学会了知足常乐，在生活中，学会了活在当下，在情绪上，学会了及时止损，也就找到了让你快乐的源泉！

行动，梦想最好的仪式

每个月，我都会跟读者朋友分享我的读书笔记。记得有位读者留言说，他非常喜欢读书。于是我问他，最近在读什么书？

他却回答说，因为上班太忙，下班太累，周末又太倦，所以实在没有太多时间读书。

我说，那你还是不喜欢读书。

他反驳说："我家里有上千本经典书籍，如果每天都有空闲时间，我一定会坚持把它们全部看完。"

老实说，我很难相信他的话。

无论做任何事，如果你只是嘴上说喜欢却不付诸实际行动，要么是不够热爱，要么就是自我欺骗，但一定不是因为时间不够、事情太多……这样的理由。

有一段时间，我身边有很多熟人都说想要去考一些含金量很高的证书。因为考过了，不仅容易升职加薪，也是能力提升的表现。

但是有些人每次都是"光打雷不下雨"，他们立志要"努力到无能为力，拼搏到感动自己”，但说过也就算了。

但我的另一个朋友却是实实在在的“行动派”。

决定考证之后，他很快就拟定了学习计划，然后抓紧一切时间看书、练习、纠错，连周末也在报班学习或参加相关培训。但最后成绩出来，他比分数线少了五分。

有人说，你看，努力了又怎样，结果不还是一样失败了。可我不这么认为。

真正的努力，靠的不是你的决心有多大、信心有多足、气势有多猛，而是看你是否脚踏实地努力做。凡是把努力挂在嘴巴上却又不真正去执行的人，无论吹得多么天花乱坠，也是白费。

有一句话就说得特别好，你努力了不一定都成功，但你不努力就一定不会成功，努力一次没成功，下次还有机会获得成功。

昨天，表弟打电话说，他分手了。

我问原因，他说：“那个姑娘自己很喜欢，但就是不合适。”

我摇摇头说：“不是不合适，而是你根本就不喜欢，或者说不够喜欢她。”

他本想反驳，但是听我说完缘由，他也就心服口服了。

我说：“你们隔得这么近，但你一周也难得约人家吃一顿饭，见一次面，看一场电影。你总说没时间，但是你的游戏每天都没停过一局；你总说太麻烦，但是你去外地见哥们儿，倒是跑得飞快；你总说你要包容她，可是人家生了气，你都懒得哄一下……”

这让我想起《小王子》里的话："我的那朵玫瑰花，一个普通的过路人以为她和你们一样。可是，她单独一朵就比你们全体更重要，因为她是我浇灌的。因为她是我放在花罩中的，因为她是我用屏风保护起来的，因为她身上的毛虫是我除灭的，因为我倾听过她的怨艾和自诩，甚至有时我聆听着她的沉默。因为她是我的玫瑰。"

多数时候，我们表达对一个人的喜欢，对一段感情的珍惜，嘴上说得再好都不算数，唯有行动才可见真心。

你是否也有许多想法和抱负，但它们仅仅出现在你的言语里。

光说不动的习惯给你制造了一种假象，让你误以为只需要动动嘴提醒自己也暗示他人，"你要成为一个很好的人，做成很棒的事"，于是一切都能水到渠成。

比如你总说，要当一名作家，但你却从来不动笔；你想要旅行，但从来不起步；你想要学弹琴，可是你从来不上手……

你把所有的美好和希望，都寄托在三言两语的豪情壮志里。

再长的路，也需要一步一步走下去才会到达终点。再短的路，如果不迈开双脚，也终将止于原地。

你要记得，与其用嘴说出你想见的人，想完成的事，想达成的目标，不如用行动去做出来。

越努力，话越少，行动越多。

把每个今天，活成人生中最好的一天

01

看过这样一段话，我深表赞同：“读一些无用的书，做一些无用的事，花一些无用的时间，都是为了在一切已知之外，保留一个超越自己的机会。”

如今许多人，无论做任何事，都以有用为目的。比如我们通常认为升职、加薪、挣钱有用，而写诗、弹琴、唱歌就无用。

也许有用的事情，可以让我们过上更加富裕的生活，以及带来外在的名利，但能让我们真正感到快乐的往往都来自于一些看似无用的东西，比如那些无关紧要的兴趣爱好，就会在一些难挨的时光里，给你安慰、力量和底气。

02

每当我心情不好，感到迷茫，疲惫倦怠时，就特别喜欢利用午休时间，步行去一趟附近的图书馆。

一个人走在路上，晒着太阳，听着音乐，吹着风，更利于思考和冥想。

到了图书馆，那种置身书海的感觉，会让我瞬间感到满足和幸福。

通常在书架上，挑选到自己喜欢的书，借阅完毕后，整个过程就像饥肠辘辘时，狼吞虎咽地吃了一顿饱饱的饭。

读书之于我的意义，就像长在骨子里的习惯，丢了它就像丢了魂，如果哪一天我迷失了方向，一定是因为很久很久没看书了。

认识我的朋友，总会说佩服我有这样的毅力，工作和生活以外还能坚持每天读书。其实许多人并不知道，读书看似是一件辛苦的事，但书籍带给人的学识和智慧，远甚于你读它时，所付出的心力。

书在我生命中扮演着三个角色，导师，朋友，伴侣。我不会做人做事时，去书里找方式方法；我需要理解和鼓励时，去书里找励志楷模；我一个人独处时，去书里找有趣好玩的小说故事。

总之，好书，就像隐形的贵人，在我背后不断地鞭策、支持着我。

03

认识一个做建材生意的朋友，他平时要跟各种人打交道。

平日里的推杯换盏，强颜欢笑，言不由衷，是常事。但他却一直有个爱好，每天晚上回家后，只要有空，就一定会写几行毛笔字。

他说，拿起笔，蘸点墨，那一瞬间，世界仿佛都按下了暂停键。

在一撇一捺里，如何布局排序，如何着笔勾勒，如何突峰藏拙，完全由自己掌控。

你不用为了什么目的，去迎合、巴结谁，只需要写出自己想要写的字，那一刻，你得到的全身心的自由，是用任何金钱都买不来的。

有一次，他的事业遇到了瓶颈期，那段时间，写字成了他唯一排解压力的方式。本来他只是想要消遣时间，可就在写字的过程中，在安静下来的时刻，他突然缕清了思绪，然后想通了许多道理，也迅速调整了心态，很快就走出了雾霾，重新出发。

也许你并不知道，人生中的许多问题，恰恰需要兴趣爱好的缓冲和放松。

就如弦一样，绷得太紧就容易断。而兴趣爱好，看似对你没有任何实际的好处，但它就像润滑剂，让你张弛有度，进退得宜的过好当下的每时每刻。

04

我有个远房亲戚，她是一名家庭主妇，丈夫经常到外地打工，儿子又借宿在学校，她经常一个人在家。

这一段时间，她就容易东想西想，害怕老公出轨，担心孩子上学不认真，于是经常失眠。

可是后来，她睡不着的时候，就喜欢起床绣十字绣。因为她家经济不宽裕，朋友也不多，只能找一些花钱少的方法来自娱自乐。

自从绣起了十字绣，给她带来了很大的改变。

第一，她可以让自己沉浸于此，能做到让自己忙起来，就没精力去过多思虑。

第二，如今她人到中年，有点更年期症状，性格暴躁易怒。每当她想要发脾气时，就拿十字绣来绣几下。

如果太着急，线容易绣错，针容易扎手，必须要不急不慢，平心静气的，一点点去绣。而这个过程，其实就慢慢帮她稳定了情绪。

第三，她可以从中找到成就感。当一幅巨大的山水风光，骏马奔腾，花开富贵等绣品，经过大半年绣成时，内心充满自豪和喜悦感。

在那些柴米油盐，一地鸡毛，了无生趣的时光里，是兴趣爱好给了我们继续生活下去的动力，给了我们熬过艰难的勇气和平衡人生的支撑点。

05

如今许多人为了找到更好的工作，住上更大的房子，让孩子上到更好的学校，于是几乎把所有时间和精力，都耗在物质和利益上。

为什么如今我们都解决了温饱问题，过上了更优渥的生活，依旧觉得压力很大，充满焦虑，幸福指数很差？

其实每个人的一生，都由有用的具体事物和看似无用的兴趣爱好组成。

前者让我们拥有生存的能力，而后者才真的让我们拥有生活的品质。

培养兴趣爱好，看似多余、无用。实则，它会在潜移默化中，让你从纷繁芜杂的事情，在难熬的时光中止脱出来。

它会护持你，往更好的心态和状态里，寻找更加开阔的自己。

最好的生活：读好书，交高人，见世面

01 读好书

有人曾说，人一生有三大幸事：读书时，遇到好老师；工作时，遇到好师傅；成家时，遇到好伴侣。

可这仅仅是理想状态，大多数人的一生，有着或多或少的残缺和遗憾。

当你成年了以后，能用最低的成本最快的捷径去弥补的方法，就是读书，尤其是读好书。但在浩瀚书海中，几乎每位作家，都是按照自己的思维方式，以及生活经验来各抒己见。他们阐述的道理，表达的意见，倡导的观点，有其合理性，但不一定都正确。

如何甄别其中的对错或者优劣好坏，就是一件极其重要的事。

就如我们吃饭一样，陈芝麻烂谷子的书读多了，不仅不可以为你增长学问，反而会坏了你的品行，拉低你的层次，误导你的人生。

而所谓的好书，会在无形中滋养你，丰富你，净化你。它们就是那些经过光阴淘洗，前人实践，依旧被现代人认可和推崇的经典著作。

一个人读什么样的书，基本上就可以看出他的精神品级。就如费尔巴哈曾说，人就是他所吃的食物，读书也是其中一种。

也许我们无法决定周围的人和环境，但是选择读好书，却是你力所能及，且难度不大，但却可以让你获益匪浅的事。

02 交高人

你身边有怎样的朋友？他们是勤奋，上进，有斗志，不断地在激励你，还是懒惰，颓废，得过且过，不断地在消耗你。

其实你身边的朋友，几乎决定了你的前途。

因为人具有社会性，你是什么样的人，自然会吸引来同等档次的人，同时你经常接触的人，在潜移默化中，对你也有同化的作用。

有一个理论说，你身边六个最亲密朋友的素质、水平、能力的平均值，就是你这个人的概况。

比如有的人就像太阳，即便你暗淡无光，靠近它，也能努力做到发光发热，彼此照耀；而有的人就像毒瘤，哪怕你本质不坏，它也会慢慢腐蚀你，让你与其臭味相投。

记得曾国藩曾说，择友乃人生第一要义，一生之成败，皆关乎朋友之贤否，不可不慎。

遇到层次低的人，无论你再努力，长时间跟他们处在一起，也很难保持高洁的心性，昂扬的斗志，以及善良的品德。

反之，遇到高人，即便你尚有不足，他们也可以带动你，不断变好，而如果你本身卓越，他们更会促进你，不断提高。

因此你既要学着多跟正能量的人在一起，而远离那些消极、悲观、厌世的人。

同时，也要学着去完善自我，因为当你自身实力不强，心态不好，格局不大时，也很难靠近那些比你优秀的人。

03 见世面

我们每个人从出生开始就生活在一个固定的圈子，以及许多条条框框内。

如果你一直困在其中，不去拓宽格局，突破瓶颈，增长智慧，就会被僵化的头脑、迂腐的思想、呆板的方式所禁锢。

想要从各种束缚中跳脱出来，就必须要学会见世面。而要做到如此，就要学会两点。

第一、见自己，见天地，见众生。

你必须要去走走，多看看跟你不一样的人事物。因为不登山，不知山高。不涉水，就不晓水深。不赏奇景，怎知其色？

你只有亲眼目睹了更美的风景，更广阔的世界，更优秀的人，你才不会做井底之蛙，你才能学会谦卑，你才真正懂得人外有人山外有山的道理。

第二、能享受最好的，也能承受最坏的。

对于物质条件，你有讲究，也能将就；对于情感问题，你能拿得起，也能放得下；对于已失去，你能坦然面对；对于未得到，也能从容接受。

在日常生活中，除了要学会自我承担、自我疗愈、自我缝合外，有些伤、有些苦、有些痛，你还得去受，去尝，去体会，唯有如此，你才能将它们内化为独属于自己的阅历和经历。

04

这个世界上有多少人，就有多少种生活方式。每一种，虽然无关对错，但也有高下之分。

这其中的区别，不在于物质条件好坏，更多在于自我的修为人品，以及学识的差异。

其实每个人，虽然在职业、年龄上不一样，但从内心深处来看，都渴望变强，变得更加出色。

而我们可以做到：

1. 读好书，使自己医愚、避恶、向善。就如雨果曾说，各种蠢事，在每天阅读好书的影响下，仿佛烤在火上一样渐渐熔化。

2. 交高人，使自己更加勤奋、努力地往前奔。就如“知乎”网友曾说，和太阳在一起，一无所有的月亮，也会拼命发光。

3. 见世面，使自己更加开阔、豁达、不狭隘。一无所有的人，才会觉得自己拥有全世界。而越是厉害的角色，越是不显山不露水，因为他们不自卑，也不自傲。

当一个人由内而外，打开了眼界，丰富了涵养，滋养了心灵，经过不断的打磨、淬炼和蜕变以后，就会遇见更好的你自己！

愿孤独成就努力的自己

01

前几天，有个编辑朋友告诉我，她在清理通讯录时突然发现，曾经很多不错的作者，如今早已转行或者放弃了写作。

于是她感慨，如果这些人还在，可能现在写作群里的高手就要退居二线了。

刚开始我也如她所想，可是后来深思以后，发现我们的假设是不成立的。

从我开始写作到现在，已经三年了，我身边的牛人，确实已经换了一波又一波。而留下来的人，不一定是天赋最好，水平最高，潜力最大的，但他一定是最坚持的。

许多人，一提到这几个字就露出不屑一顾的样子。仿佛别人的成功，全仰仗于他们弃了权。

我们总以为，坚持是一件特别容易的事，因为它几乎没有任何门槛和条件的限制，人人都有机会做到。

但真正做到的人，却少之又少，因为百分之九十的人几乎都输给了自己的半途而废。

也许你认为九十九步和一百步之间，仅仅相差一步。但你并不知道，别人这多走的一步里，需要多大的毅力，多强的定力和多少次咬牙硬撑。

你也看不到，那少走的一步里，会暴露出你多少懒惰、妥协和轻言放弃。

其实这个世上,所有看似简单的坚持中,都藏着无尽的不容易。

02

曾经有位朋友向我抱怨，她跟同事 W，无论是从业务水平，还是专业能力，都不相上下。

但竞聘时，W 胜出的理由仅仅是因为比她更细心。

比如同样写报告,两个人的思路都很清晰,但朋友爱写错别字,W 却从不会。

同样想方案，两个人的创意都很好，但朋友只想到可操作性，而 W 还会多做一个步骤，那就是预设失败的可能性。

同样做 PPT，两个人的内容都很精彩，朋友只管自己看着好看，但 W 却还会考虑到，领导视力不好，会特意把字体放大，加粗，划重点。

也许在熟人看来，细心真不算什么过硬的真本事。

因为只要她遇事前，再多考虑一层，想事时再多深入一点，做事后再多检查几次，就会更胜一筹。

但问题恰恰是，她想得到但做不到。一字之差，看似隔得很近其实相差万里。

因为细心，体现的是一个人对工作的用心、耐心和责任心。而粗心会暴露出你的浮躁、懈怠和敷衍。

其实别人身上，任何看似只比你强一点的优点中，都有你无法企及的过人之处。

03

记得读书那会儿，我们班里每次搞文娱演出，都由同学 Z 担任主持人。

那时许多人虽然表面上，露出很羡慕的眼神，但心里多少有几分不服气。

因为论普通话，她并不是最标准的，谈台风她也不是最稳定的，论形象也略差了那么一点，但每次站在舞台中央，大展风采的人，却是这个看起来各方条件都不算最好的人。

直到毕业很多年以后，在一起同学聚会上，许多同学提起当年这事的时候说老师偏心。

老师却说："其实当时，有让大家踊跃报名，公平竞选出最出色的那一位。但许多人，却都缩着手，生怕被看见，而唯独Z举起了手，毛遂自荐，所以机会就自然向她倾斜和靠近。"

很多时候，你比别人差的看似只是一个小小的动作，但它蕴含了无数其他人所没有的力量和勇气。

别人能大方的推荐自己，表面上看，是他们性格外向，天生胆子大，不怕被嘲笑，但从本质上讲，是他们心态好，相信自己，不怕失败。

而你小心的隐藏自己，往浅的说，是害羞，内向；往深的想，就是你怕出丑，担心被拒，害怕尝试。

04

你有没有觉得那些比你厉害的人没什么了不起。

你其实也可以坚持到底，只是你太懒，你其实也可以更努力，只是你不想去做，你其实也可以更出色，只是你不想去表现。

比如读书时，别人能每天早起背单词，而你起不来，是因为，你不想把自己逼得那么紧；工作后，别人能把领导交代的任务办的周到妥帖，而你却始终还差一点，是因为你觉得没必要那么较真；生活中，别人能有一个拿得出手的才华，而你什么也不会，是因为你不想去施展而已。

这样的想法会让你觉得自己也很聪明，就是不爱学习。最终你学无所成，无所作为，是你得过且过的态度造成的。

其实，但凡比你优秀的人，都有值得你借鉴的优点。

你应该虚心的，放低姿态，寻找差距，取长补短。而不是高傲的把一切失败的缘由都轻松的归于我只是不想努力。

我曾听一个教授说过，成功的人，可以谈成功的理由，但失败的人，却没有资格去找失败的借口。

当时我不以为然，觉得这太片面。直到后来，我身边出现太多这样的人和事，才逐渐明白它的深意。

这个世界上，因为路上人很多，很拥挤，成功不那么容易。

但成功也很简单，你只需要在别人放弃时，再多一点坚持，在别人松懈时，多一点认真，在别人患得患失时，多一点勇敢，最终你就会胜出。

请记得，天下没有容易的努力，只有看起来容易的成功！

真正重要的东西，要靠自己去寻找

也许，每个人都有年少轻狂的时候。

曾经，我们不知天高地厚，不懂人情世故，我们自以为可以改变全世界。

就如王小波曾说："那一天，我二十一岁，在我一生的黄金时代，我有好多奢望。我想爱，想吃，还想在一瞬间变成天上半明半暗的云，后来我才知道，生活就是个缓慢受锤的过程，人一天天老下去，奢望也一天天消逝，最后变得像挨了锤的牛一样。可是我过二十一岁生日时，没有预见到这一点。我觉得自己会永远生猛下去，什么也锤不了我。"

其实人的成长，是一个漫长的过程，你若没有亲自去品尝，体验，经历，便永远不会知道：万事万物，都有它的规律和道理。

01 唯一靠得住的是你自己

小时候，父母总对我们说，长大后，凡事都要靠自己了。

那时，我们嘴上并没有反驳。但我们心里，却倔强地认为：哪怕脱离了父母的依赖，凭借自己的能力和魅力，可以仰仗的人，依旧还有很多。

当我们真正踏入社会后才发现，当你飞黄腾达时，身边会有许多人前来锦上添花。当你落魄潦倒时，真正愿意雪中送炭的没几个。

即使曾经，你掏心掏肺对待的人，也唯恐避之不及。

记得有这样一个故事，一人去寺庙参拜观音菩萨。几叩首后，这人突然发现身边一人也在参拜，且模样与供台上的观音菩萨一模一样。此人大惑不解，轻声问道："您是观音菩萨吗？"那人答："是。"此人更加迷惑，又问："那您自己为什么还要参拜呢？"观音菩萨答："因为我知道，求人不如求己。"

一个人成熟的标志，就是学会了不把痛苦写在脸上，不把希望寄托在别人身上。

凡事靠自己，钱要自己挣，路要自己走，眼泪要自己擦干。哪怕遭遇低谷，也要学会自我吞咽和疗愈。

就如刘同曾说："任何事情，不要把希望寄托在别人身上，无论是情感还是工作。否则，唯一的结果便是措手不及。安全感，只能自己给自己。”

最终你会发现，只能靠自己，是一种无奈，也是一种选择，甚至是一种没有退路的坚强。

02 唯一对你不离不弃的是父母

大概我们每个人，都曾许诺过别人，也被别人承诺，会在一起一辈子。

可是恋爱时，我们仅仅因为性格不合，距离太遥远，家庭悬殊等原因，就轻易松开了对方的手。而结婚后，我们也会因为金钱和新欢，去伤害我们曾经真心实意深爱过的人。

于是，你时常怀疑：这世上是否存在，永不变质的爱？

这让我想起，曾经有位教授做了一个问卷调查。

第一种：他很爱她。

她细细的瓜子脸，弯弯的蛾眉，面色白皙，美丽动人。可是有一天，她不幸遇上了车祸，痊愈后，脸上留下几道大大的丑陋疤痕。

你觉得，他会一如既往地爱她吗？

第二种：她很爱他。

他是商界的精英，儒雅沉稳，敢打敢拼。但忽然有一天，他破产了。

你觉得，她还会像以前一样爱他吗？

如果是恋爱关系，大多数人的答案不尽人意。但若他是你的父母，几乎所有人都会持百分百肯定的语气。

其实，这个世上无论你贫穷还是富有，健康还是疾病，成功还是失败。无论你身上有再多的缺点和不足，无论你犯过多么不可原谅的错误，无论你对他们的伤害有多大，最后对你不离不弃的人中，肯定有父母的身影。

所以，哪怕我们被全世界抛弃，哪怕你过得不够顺遂，哪怕你失望透顶。不要忘了：我们身后，还有深爱你的父母。

同时我们也要警醒：在父母有生之年，好好孝敬他们，毕竟父母在，尚有来路，父母去，只剩归途。

03　唯一不能放弃的是生活

你有没有这样的时刻：工作没做好，感情没处好，心情没调整好，就茶饭不思，夜不能寐，跟自己生闷气。

也许年轻时，你会觉得这样做很酷。

于是，你无止境地挥霍身体，不注意健康，也不在乎自己究竟过得好不好。

你以为自暴自弃，自我折磨，自我放纵，是在惩罚让你不开心的人和事，你用愁眉苦脸来表明自己的不满意。

一个不懂得好好生活的人，不够智慧和开阔，注定无法过好这一生。

记得有个禅学故事，有僧人问大珠禅师："和尚修道，有何秘密法门？"

禅师答："饿时吃饭，困时睡觉。"

僧人不解："一般人吃饭睡觉和禅师不都一样？"

禅师答："一般人吃饭时百般挑剔，挑肥拣瘦，睡时胡思乱想，千般计较。"

吃饭睡觉很简单，可吃舒心睡踏实却很难。快乐地把饭吃饱，安静地把觉睡好便是一种修行。

请记住：没有任何事，值得你彻夜伤心，不眠不休。也没有任何人，值得你辗转反侧，深夜流眼泪。更没有任何境况，可以让你情绪低迷不开心。

生而为人，我们每个人，都遭遇了太多不容易。

但是无论如何，一个人只要学会了照顾好自己，学会了不辜负日子，学会了用心对待生活。哪怕不得不放弃，得不到的人，做不到的事，无法解开的结，但依旧可以，热气腾腾地活下去。

其实，我们每个人，都是在不断地摸索、尝试、反思中，才会越来越趋于完善。

也许有些弯路不可避免，有些错误无法绕过，有些过程无法省略。但是我们依旧可以，在独一无二的人生历程中，积累经验，增长智慧，变得更加通透达观。

长大后，你终归要明白：

第一，人啊，要自个儿成全自个儿。

想要的东西自己买，想要的生活自己创造，哪怕陷入泥沼，也要咬紧牙关。揪着自己的头发，把自己拔起来，因为靠任何人都不如靠自己更实在。

第二，善待父母，需要争朝夕。

这个世上，有一种人，不因季节更替，不因名利沉浮，亘古绵长，无私无求地爱着你，这就是父母的爱。但我们却时常对此熟视无睹，不懂珍惜。

记得一位台湾作家曾说："父母就像一栋老房子，你住在它里面，它为你遮风挡雨，给你温暖安全。但是房子就是房子，你不会和房子说话，去沟通和去体贴它。"

不要等到子欲养而亲不待时，才去后悔当初的后知后觉。请及时去表达，你对父母同样深深的爱。

第三，生活，就是生下来，活下去。

每个人来这人间一趟，除了看看太阳和心爱的人，走在大街上，还要经历许多磨难和挫折。

令你不如意的人和事，层出不穷，永无清净之日。

记得电影《一代宗师》里曾说："在我四十岁之前，未曾见过什么'高山'，没想到人生最难翻越的，是生活。"

无论过去，现在，乃至未来的你，都会遭遇大风大浪。但要记得：饭要吃饱，觉要睡好，身体要养好，因为升级打怪，还得要靠它。

有些道理，我们曾经觉得荒诞不经。只有挨了生活的鞭打以后，才发现，原来事实真是如此！

我们无法改变天气，但可以改变心情

01

去年夏天，我表弟突然从单位辞职了。

要知道他辞去的这份工作，可是他父母费了九牛二虎之力才争取到的名额。

后来我问了他离职的原因，答案简直让人哭笑不得。

原来他的部门主管，公正客观地批评了他写的报告。认为他的报告思路不清，条理不明，也没有逻辑。

表弟听了以后，十分生气，就质问主管："你说话这么直，有没有考虑过我的感受，我没有功劳，也有苦劳啊？"

表弟觉得自己很委屈。因为他为了写这份报告，整整熬了三夜，才写了这十多页，结果就这样被主管说的一无是处。

主管告诉他，职场只看结果，不看过程，要是不服可以辞职不干。

结果表弟就真的冲了出去，心想大不了不干了，可是踏出了那道门，他就后悔了。

到了今年夏天，表弟又入职了一家新的单位。如今的他，几乎每天都能从容面对领导的各种要求，还能淡定处理同事的邀功抢戏，对客户的不理解，也能轻松地予以过滤。

我问他，如今如何学得如此好脾气？

他说，在社会上碰了壁，才知道有脾气、说走就走、爱抬杠的人，根本不算牛。最牛的是那种有脾气，但不轻易发脾气的人。

杜月笙曾说：头等人，有本事，没脾气。二等人，有本事，有脾气。末等人，没本事，大脾气。

在职场上，初来乍到的新人，受不得一丁点委屈，听不得别人说你一句不是。看到别人对你有一丝的瞧不起，就乱发脾气。

可是当你在社会上慢慢摸爬滚打几年以后，你会发现，发脾气一点儿也不酷。因为它真的解决不了任何问题，还会让你丢了饭碗，毁了前程，甚至自断后路。

02

记得两年前，有一次我在排队等地铁，一个大约四十来岁的男人，身材魁梧，脖子上还带了一条很粗的金项链，嘴里说着其他地方的方言，一听就是外地人。

他故意卡我的位置，但我就是不让他。当时我心里想的是，凭什么我要让你，分明就是你不对。

结果在我拿包过安检的时候，那个男人飞速跑到我前面，然后用恶狠狠的眼神直瞪着我。

我当时非常生气，也不示弱地瞪着他看，表示我不怕他。

后来，我们就这样互相瞪着，大概有五分钟后，这个男人才慢悠悠地走开了。

等我气头过后，回想起这件事时才后怕起来，因为无论谁的对错，真要计较起来，我哪里是他的对手？

再说，何必为了不值得的人和事惹自己生气。如果激怒了他，他若一时冲动，受伤的只会是我。

这之后，当我再遇到这样的人时，宁愿让着他们，我也不生气，不较劲，看他们横。

到最后我也没损失什么，也避免了很多意外的发生。

曾经我觉得这样做，真的很没面子，现在才觉得，我非要去跟那些人硬碰硬，才是幼稚的表现。

有个故事讲：佛陀在世，外出传扬佛法时，常常被别人侮辱谩骂。但是，佛陀从不生气，总是默然不语。

直到对方骂完，他才心平气和地问道："你送礼物给别人，如果别人不接受，那该怎么办？"

对方答道："既然人家不要，我当然要拿回来。"

佛陀说："同样的道理，现在你对我恶语相向，但我不接受你的恶意。刚才你说的这些恶毒话语，自然都要拿回去，不等于是骂了你自己吗？"

我们总是为了一些鸡毛蒜皮的小事，跟别人过不去，跟自己过不去。

可最后才发现，争来争去，最后输掉的却是自己的心情，耽误的是自己的时间，甚至会伤及到自己的人身安全。

03

我们小区里有一对夫妻离婚了，我们称他们王哥刘姐。

后来，刘姐气头一过很想复婚，可是就算她悔青了肠子，也无济于事，因为王哥早就心灰意冷，对她彻底失望了。

其实，刘姐其他方面都还行，她最大的毛病就是性格暴躁易怒，动不动就发脾气，闹情绪。

他们离婚的导火索，就是王哥有一天回家太晚，刘姐就在家里大吵大闹，不仅摔坏了家里的电视，还以离婚为要挟。

其实刘姐这样不分青红皂白地闹已经不是第一次了，老是没弄清事情真相就大动肝火，但王哥每次都让着她。

直到这一次，王哥也是被逼急了。长久以来，憋在心里的委屈和怒火一并爆发，他说："如果你还想跟我过，最好收敛一点，如果觉得跟我过不下去，那从此以后，各过各的。”

刘姐听后更是火冒三丈。她平时在吵架中，总是占上风，哪儿能允许别人赢呢？很快，两个人去办了离婚手续。

离婚后，她才去验证事情的真实性。那天王哥确实是在单位加班，并没有如她想的那样外出朝三暮四，可一切都成了定局，后悔也没有办法。

之前看一位老太太在她五十周年金婚纪念日那天，向来宾道出了她保持婚姻幸福的秘诀。

她说：“从我结婚那天起，我就列出了丈夫的十条缺点，为了保证婚姻的幸福，我向自己承诺，每当他犯了这十条错误中的任何一条时，我都愿意原谅他。”

有人问：“那十条缺点到底是什么呢？”她回答说：“老实告诉你们吧！五十年来，我始终没有把这十条缺点具体列出来。每当丈夫做错了事情，我马上提醒自己，算他运气好吧，他犯的是我可以原谅的那十条错误当中的一条。”

所以在感情中，很多人就是因为脾气不好，不懂得理解、包容、体谅对方，才造成了许多无法挽回的遗憾。

家不是只讲理的地方，很多人赢了脾气，却输了感情。

04

其实人人都有脾气，对于不如意、不顺心、不痛快的事，总是会本能地产生不良情绪。

比如小时候，当我们心情不好时，会发脾气，会使性子。父母不满足我们愿望时，就要躺在地上打滚，用哭闹来表示抗议。

可是长大后你会发现，面对一些不合理不公平的事，发脾气完全不顶用，它不仅不会让事情变好，反而会让事情越来越糟糕。

在工作中，如果你遇到苛刻的领导，尖酸的同事，刁蛮的客户，你要么调整心态，提高能力，要么另谋高就。

在生活中，总会有人对你说三道四，指手画脚，霸道无理，触碰你的底线，你要么跟他打一架，看谁能赢；要么息事宁人，让他三分又如何？

在感情中，也许摔坏的东西，可以重新再买，可是说错的话，伤了的心，就像钉在墙上的钉子，即便可以修复，也没办法彻底愈合。

如果想要继续生活，就不要整天像头发怒的狮子。其实很多事情孰轻孰重，谁是谁非，有无必要，你心里早就有数。

请记住，不轻易动怒，是作为一个成年人的最基本修养！

第二章

自律的顶端，就是孤独

孤独是一种最本质最昂贵的自由。因为拥有孤独的人，才能拥有真正的自我。

那个最努力的年轻人失业了

01

昨天我看到我微信朋友圈中那个最努力的年轻人失业了。当时我有些诧异，按理说不应该啊，因为我每天总能在微信朋友圈里看到他加班忙碌的身影。

每天早上不到六点，他就发来清晨的第一条动态：“早起去上班，新的一天要好好努力哦。”中午时分，他会发一些在办公室吃泡面，整理数据和撰写文件的图片。晚上九点多钟，他会再发一些打鸡血的图片，配上今晚又在加班，年轻人就是要这么拼之类的话。

很多人都认为这个小伙子真有上进心，假以时日一定能有所成就。

但事实却是，他在一家公司干了整整八年，依旧是个业务没长进，思维没突破，技术不够格，只是工龄较长点的老员工。原来他所有表现出的努力，不过是蜻蜓点水般的走过场。

我微信朋友圈里有一类人，信誓旦旦说要减肥，最后真正瘦下来的却很少。她们在镜头前晒每顿吃的有多少，运动了多长时间，饿得两眼放光也要挺过去。

可镜头背后，她们趴在沙发上胡吃海喝半夜加餐，当她们的体重不减反增时，她们就用那些曾经努力过的照片和动态，自我安慰道："我本就是那种喝口水都会长二两肉的体质。"

我微信朋友圈里还有一类人，老是宣称自己是最爱读书的文艺青年，每晚夜幕降临时，他们会发一张照片，一张灯光温和的书桌上，有一本泛黄的世界名著。但等他们拍完了照片后，又会忍不住把手机放在书的上面，美其名曰"看书"。

有人曾说，自从我们有了微信朋友圈以后，努力这个词语就成了不用认真去做，却可以拿去炫耀的一件事，你把所有的精力和时间都花在这种"朋友圈似的努力"中，你总是做了很多感动自己也感动别人的事情，但最后你却没有如朋友圈中晒的那样脚踏实地去努力，那些看似竭尽全力的努力的照片，只不过是自我欺骗的假象罢了。

02

记得有一次我跟团去旅行，跟我同团的很多游客到了风景名胜区的第一件事不是去感受秀美的风景和独特的民族文化，而是争先恐后地站在景区大门前让同伴从不同角度为自己拍照，以此证明“此地我来过”。

他们一路跟着导游走，无论导游介绍的如何绘声绘色，他们也没有心思去听，只忙着低头照相，忙着给照片美颜，然后反复思虑着应该怎么发微信朋友圈动态，才能显得既文艺，又没那么刻意。

他们一路走，一路拍，一路上传微信朋友圈，似乎风景要在微信朋友圈被别人看见了才算是真正的不虚此行。

到了吃饭的时候，大家已经是筋疲力尽饿得不行了，可当热腾腾的饭菜端上桌来时，他们都说等一等，我先拍个照再吃。

其实那天我们吃了很多当地的特色菜，可那些爱发微信朋友圈的游客，并没有真正品出菜的味道，他们的满足感都藏在了微信朋友圈里的点赞和评论里，如果没人点评他们就显得不那么开心，似乎是菜本身并不那么好吃。

有多少人出去旅行，看的从来不是真正的风景，而是在相机里已经过滤得非常完美的景色，他们吃的从来不是美味佳肴，而是秀给朋友们看的道具。其实，很多人在微信朋友圈里都是看似过着诗和远方的生活，可在现实，却是狼狈不堪。

如今很多人把生活过给别人看，在微信朋友圈里，你是那样的春风得意，赏尽天下名花，吃尽天下美食，走尽天下奇路。

可在现实中，你可能连小区门外的玫瑰的香味都没真正闻到，你连吃一顿家常便饭的心思都没有，你在手机里的步数显示，不过是家里和公司之间的距离而已。

03

最近兰姐跟我说，她跟丈夫感情不和，已经到了岌岌可危的地步了。我立马回道，上个月我还见你和你老公在微信朋友圈秀恩爱呢。

兰姐无奈地说："其实在微信朋友圈秀不秀恩爱倒是其次，最重要的是彼此之间要恩爱。我老公只是在节假日才送我一些鲜花礼物，证明自己多爱家庭和妻子，其实平日里，他从来不会主动关心我，爱护我，对我就跟对待一个木头人一样。

你们都羡慕在情人节收到男友大礼包的女人，可我倒是想拥有那些虽然不秀恩爱，但把对你的好融入到日常生活中的好男人。"

记得兰姐的婆婆也说，我其实并不需要儿子在微信朋友圈里送我多少祝福和感恩，我只希望我儿子如他微信朋友圈里说的那样，多点儿时间回家陪陪我。

原来兰姐的婆婆一个人住在另外一座城市，但其实两家人的距离并不远，可她老公总是以工作太忙太累、没有时间等各种理由不断推脱，可在微信朋友圈里却表现的是个十足的大孝子。

记得有个故事说的是：

一位老人孤独地拿着一部很旧的手机，走进一家维修店里去维修。店员看了看手机，告诉老人，他的手机并没有坏。老人听后，目光显得呆滞，突然哭了起来："手机没坏，那为什么我总接不到孩子们给我打的电话？"慢慢地，老人伤心地拿着手机走出了维修店……

有多少人在微信朋友圈里对自己所爱的人，又是献花又是说情话，道了无数句你辛苦了，我好想你之类的话，但却从没有在现实的生活里给予他们爱的人真真切切的关心和爱护。

很多人都说秀恩爱死得快，其实恩爱从来不是因为秀死的，而是本来就不够恩爱。很多人在微信朋友圈从没有落下任何一个母亲节、父亲节、感恩节，可他们的孝顺只是限于微信朋友圈。

因为有了微信朋友圈，我们的生活发生了很多翻天覆地的变化，也有了更多的方式去表达自己的喜怒哀乐，所思所感。但我们的人生并不是在微信朋友圈，他只是一个展示的平台，却不是我们生活的全部。

第一、我们的努力不在朋友圈。

我们总是还没开始做一件事时，就要昭告天下你的计划和梦想，但能踏踏实实地去努力争取自己想要的人生的人，确实寥寥无几。

我们受了一点苦，吃了一点亏，受了一些气就开始顾影自怜，甚至需要夸大自己的努力程度，让别人以为你真的够努力了，即便没有达到想要的目标也是情有可原。

我们太容易放过自己，也太容易自我满足，努力这件事其实并不值得炫耀，真正值得炫耀的是努力之后的结果。

第二、我们的生活不在朋友圈。

如今有太多人粉饰了自己的朋友圈，却从未想过去改善自己真实的生活，他们的一切味觉嗅觉和感知能力都消失了，他们多姿多彩的生活只是一种拼接，抠图和滤镜的结果，甚至我们已经有很久没有静下心来好好吃顿饭，用心去赏一处的风景，安静地听一首唯美的歌。

分享虽然是一种美德，但生活里的美好，只有自己真正地感受到了，分享给别人时才有意义。

第三、你的爱不在朋友圈。

爱需要表达和仪式感，秀恩爱和表情意本身是个好习惯，我们在现实生活中对亲人、爱人表达爱的方式，跟我们在微信朋友圈一样的真诚和热烈才有意义和仪式感。

《请回答 1988》里有句台词："即便没人知道，自己也不敢表白，但是正焕还是最喜欢德善的，默默地为她做过很多事情，他的爱并不比任何人少。"

愿你的人生跟你的朋友圈一样的精彩有趣，异彩纷呈；愿你在朋友圈晒的一切美好都是你真实感受到的鸟语花香，岁月静好；愿你在朋友圈里有理想的生活，在当下也有不苟且的人生。

无论生活多难，你都要特别勇敢

01

前几天，我去银行找一个朋友办点事，刚好碰到有个保洁阿姨正在大厅里拖地。

朋友跟我闲聊说，能看出来她的存款都有上百万吗？

我听了后很惊讶，简直不敢相信。

朋友跟我说，这是真的，这位阿姨老家搬迁，补贴了不少钱。以前啊，她就是一个地道的农村妇女。

没有文化，也不识几个字，更没正式工作，可是她每天都要起早贪黑下地干活，要回家洗衣服做饭。

那时她每天都在琐碎的日常中连轴转，日子虽苦，但却也过得很充实。可是自从拆迁以后，有钱了，没活儿干了，她突然失去了生活的奔头和重心。

她整天待在家里，坐也不是，站也不是，日子过得越来越百无聊赖，甚至产生了一种莫名的空虚感。

后来她到银行存钱，正好看到了招工启事，于是就一直干到了现在。

她儿子多次来劝她辞了工作回家享乐，可是她却说："没事儿做，才遭罪啊。"

如今她在这里当保洁，不仅打发了时间，还让她很有存在感，觉得自己至少被需要，而不是闲人一个。

我有个表弟，大学毕业以后就蜗居在家啃老。每天的任务就是吃喝拉撒、打游戏、聊天、发呆，他的日子看似过得很潇洒，可是却丝毫没有生活质量，脾气越来越暴躁，性格越来越偏激，人也变得郁郁寡欢。

也许很多人认为，无事可干才是最幸福的事，其实恰恰相反，当你成为一个闲人时，日子不但不会越过越顺，反而会滋生许多问题。《劝民》里曾说：不见闲人精力长，但见劳人筋骨实。

其实工作是一场修行，无所作为的人，无事可干的人，不务正业的人，一旦闲散起来，不仅活得无所适从，还会因为闲生出很多事端、恶习和坏毛病。

一个人活着，只有劳动才能创造价值，它可以是体力的，也可以是脑力的。

但无论你多么富有，如果每天只顾吃喝玩乐，什么也不干，就失去了做人的意义。

02

我们小区有个王大婶，大家都不太待见她，因为她这个人最喜欢夸夸其谈，搬弄是非。

她是全职主妇，除了收拾家务就无事可做，生活实在是枯燥无味，所以只得用别人家的家事，丑事，甚至无中生有的事，作为乐子，跟别人讨论得热火朝天。

刚开始，左邻右舍都不跟她计较，可是时间长了，她开的玩笑越来越太过火，甚至开始扭曲事实。

有一次，她居然编造隔壁王二哥在外面有情人，差点让夫妻两人感情破裂，后来人家找上门来，跟她大闹了一场 。

而在家里，她也是丈夫躲避的对象，她连丈夫晚回家半小时，都会掀起一场腥风血雨般的拷问。

丈夫一再解释，是因为多加了一会儿班，可是她根本油盐不进，执意认定丈夫撒谎。丈夫说的每一句话，做的每一件事，哪怕看她的眼神，都会引起她莫名其妙的猜忌。

有一次她丈夫忍无可忍，跟她提出了离婚，若不是因为亲友相劝，他们早就各奔东西了。

我曾经看过一个故事：有个著名的企业家向朋友们诉苦说，他的妻子总是对他有一万个不放心，随时打夺命连环 Call，让他寸步难行，毫无自由可言。

有人建议他，要给妻子足够的安全感和更多的爱。

可是只有一个人说到了重点，给她找事干，只要是正当的，无论干什么，就是不能完全让她闲着。

在生活中，人太闲，真不是一件好事。

一则，无事容易生非，不仅得罪人，也会让自己心情郁闷。

二则，太闲了，就容易胡思乱想，容易钻牛角尖，容易把精力放在鸡毛蒜皮的小事上，让自己和别人都过得不舒坦。

03

刘玲，她曾经有一份稳定的工作，虽然收入不高，可是养活自己不成问题。

但她结婚以后，就辞了工作，专心在家相夫教子。刚开始，她的日子过得十分滋润，因为每个月她丈夫给她的生活费绰绰有余，除了正常的家庭开销，还能剩下不少钱。因此，她隔三岔五地就去买新衣服、新鞋子、新的化妆品。

那时的她，可以不费吹灰之力，就能过上许多妇女梦寐以求的好日子。

可是好景不长，她丈夫突然有了外遇，并且要跟她离婚。

她当时完全没有心理准备，死活纠缠着跟丈夫打了三年官司，后来婚还是离了。

我们本以为，她一定熬不过这个坎儿，毕竟，离婚后她既没有经济来源，也失去了精神支柱。

之后，她待在家里自暴自弃了一段时间，发现日子越过越糟糕。于是为了转移注意力，也为了自力更生，她决定早上去包子店打工，下午去火锅店当帮手，每天从早上五点，忙到晚上十点。

一年以后，她就像是彻底变了个人一样，也不再像刚离婚那会儿尽说丧气话，也不再一哭二闹三上吊，而是一个人也练就了养活自己的本事和能力。

她说这全要得益于有事做，每天忙得不亦乐乎，即便遇到心酸的事，也没时间顾影自怜。

所以在感情中，越是闲的人，越容易依靠别人，越容易失去安全感。

记得《我的前半生》里有句台词："人呀，不能太闲，得有事做，既能排忧解闷，关键时刻，还能助自己一臂之力，不至于没了依靠就倒下，走不动路。"

而且有事干，生活就可以足够充实，无论遇到再大的挫折，都可以消减现实生活中的苦痛，有事干，就会给生活带来十足的底气，会让你活得更加从容且淡定。

04

曾经我们以为，太闲是一件很幸福的事。

因为如此，你就再也不用干活，再也不必辛苦，可以完全待在舒适区，过上衣来伸手，饭来张口的美日子。

然而，现实却提醒我们，太闲，真的有许多隐形的坏处。

在工作中，你越是闲，反而越没有价值。记得《边城》里有段话："日头不辜负你们，你们也莫辜负日头。我一生最怕是闲人，一闲就把生命的意义全失去了。"

在生活中，很多人变得无聊、无趣，都是因为太闲惹的祸。因为人每天的时间和精力如果不用来做有意义的事就会失去平衡。

晋人陶侃，他老来罢官闲居，找不得事做，便去搬砖。晨间把一百块砖，由斋里搬到斋外，暮间把一百块砖，由斋外搬到斋里。

他其实就是借搬砖，让自己有事可做，免得抑郁无聊。

在感情中，一个人一旦闲起来，就会丧失养活自己的能力，就会依附于他人。即便你的靠山再强大，自己不能立足，终究会失了做人该有的尊严、自由和选择权。

年轻人，不能活得太舒服

01

有个朋友开了一家公司，上个月招了一个实习生。

前几天下班后，有个重要客户突然要看报告，于是，朋友让这个实习生到办公室加会儿班。

其实朋友公司很少要求员工加班，加班费用都会正常结算。而且这个实习生回家也没什么事,但就是表现出了明显的不愿意。

第二天，朋友正准备给实习生交流沟通，因为觉得她这样的工作态度有点问题。可还没等朋友开口，实习生就主动提交了离职书，理由是不能接受有加班的工作。

朋友爽快地同意了，并好心地以一个过来人的身份，劝导这个实习生说："以后你就会知道，没有一份工作不辛苦。"实习生根本听不进去，头也不回地走了。

有人曾说，年轻人一提到工作，就拈轻怕重，挑肥拣瘦，一旦觉得自己吃亏，受了委屈，就想另谋高就，沉不下心来。

我们在该吃苦奋斗的年纪，就不要只想着安逸。一旦你选择了暂时的轻松，未来的结果就一定不会陪你演戏。

等到你人到中年，不得不肩负重担，独挑大梁，撑起一个家时，你就知道曾经偷过的懒，生活总会连本带利地向你讨还。

而现在，你若才开始奋起直追，即便还有余力，也需要付出代价，更何况你还在坐以待毙。

02

我曾经经历过一段特别颓废的时光。工作不忙也不辛苦，生活不累，也没什么可操心的事情。

那时我感觉时间多到用不完， 每天下班回家，就喜欢追剧、逛街、看电影。

周末睡到日上三竿，一整天窝在床上玩手机。

刚开始，我还挺满意自己的生活。多滋润啊，生活几乎过得毫不费劲。直到我发现自己和周围的同龄人，差距越来越大，越来越明显，甚至到了遥不可及的地步，才猛然醒悟。

那时我在微信朋友圈看到，某个同学因能力突出受老板器重，很快就升职加薪了；某个朋友，又出国深造去了；某个熟人，自己创业给父母买了房……

可以想象，我当时就像突然被雷击中一般，那种内心的恐慌和不安，感觉整个人生都快完了。

我时常感到惭愧，因为年轻时浪费了那么多光阴，去做了毫无意义的事。但庆幸的是，觉悟的还不算太晚。

我对于年龄和职业有很深的危机感，虽然每天这样马不停蹄的奔跑，也会感到很累，但我想如果我现在停止了奋斗，很可能未来就再也没有弥补的机会了。

也许暂时的安逸，会让这一阵子活得舒服，可是它却会让你接下来的一辈子，都活在痛苦、纠结、悔不当初的遗憾中。

03

认识一位青年作家，她曾当过大学老师，后来为了心中的梦想果断离开体制，回到古城老家当一名自由职业者。

因为她的努力勤奋以及出色的才华和影响力，一家旅行公司的 CEO 给她投资了上百万，助力她开了一家民宿。

白天她要经营民宿，迎接四面八方来的客人，其他时间还抽空读书写作，开设网络摄影课堂，成立设计工作室等，她完全把自己活成了斜杠青年。

短短几年,她还清了家里十几万的债务,真正实现了财务自由。又因为很出色，去年和一位同样优秀的环球旅行家喜结良缘。

可以说，许多人梦寐以求的东西，事业、爱情、诗和远方，她都在三十岁以前提前囊括。

也许很多人觉得她运气好，可是鲜少人知道，为了过上如今的生活，她每一天，都活得像一个钢铁战士，不敢睡懒觉，不敢闲聊，几乎争分夺秒，每天从早忙到晚，累到瘫软在床不想说话。

人在年轻时，总觉得光阴还多，可以自由散漫地生活，于是浑浑噩噩地混日子，等到你在煮青蛙的温水里慢慢被蚕食，想要跳出来又无力挣脱时，才明白，你现在遇到的所有的坑，都是你曾经亲自挖的。

04

在网上，看到过这样一段话：当你不去旅行，不去冒险，不去拼一份奖学金，不过没试过的生活，整天挂着 QQ，刷着微博，逛着淘宝，玩着网游，干着我八十岁都能做的事，你要青春干吗？

在你该努力学习时，偷了懒，等到你需要运用知识作为敲门砖时，就会因少背的单词，少写的作文，少看的书……残忍的被拒之门外。

在你该努力工作时，你绕了弯，等到你需要利用实力更进一步时，就会因为少加的班，少做的事，少完成的任务，被限制在原地。

在你该完善精进时，走了捷径，等到你想要靠一技之长，取得想要的好结果时，就会因为少弹的曲子，少说的演讲，少练的普通话，无奈地跟好运失之交臂。

年轻时，是最好的奋斗时期，如果你不珍惜光阴，不想吃苦，不想受累，到了人生的下半段，这些欠下的债，就会像滚雪球一样，越堆越多，直到有一天，它们会拖累你，让你无法继续前行。

没有人可以靠运气过好这一生，也没有人可以靠耍赖就过上想要的生活。更没有人不费吹灰之力，就能拥有想要的一切。

大文豪列夫·托尔斯泰曾说：幸福并不是外在的原因，而是以我们对外界原因的态度为转移，一个吃苦耐劳惯了的人，就不可能不幸。

年轻的最大意义就在于，你可以为之奋斗，但如果你在最好的年纪，选择了安逸，余生就只能碌碌无为地过下去。

与其在后半生，被动地去接受命运给我们最残忍的安排，不如在前半生，主动去改写自己的人生。

努力是为了埋葬所有彷徨

01

昨天朋友小兰给我打电话，她非常不服气地告诉我，她的同事小李最近又涨了工资，而她却还是维持不变。

我大概能理解她的心情，因为在她看来，小李经常迟到，有时还会跟领导顶几句嘴，甚至一言不合，就霸气的想要离职。

而小兰每天总是最早到公司，最晚离开公司的人，无论对领导、同事、还是客户，从来都彬彬有礼，即便有时受到委屈，也会忍着，更不会表现出炒老板鱿鱼的意思。

她怎么也想不通，自己分明比小李更中规中矩、勤勤恳恳，但每次发奖金，评优秀，晋升职务，总是轮不到她？

小兰只是看到了小李在工作中的缺点，却忽略了最重要的一点就是，小李的业绩一直在公司名列前茅，并且一直稳居销售冠军的宝座。

她虽然看起来很努力，也很会为人处世，可偏偏业绩不够好，没给公司创造什么实质性的利益和价值。

其实我曾经也有一个同事，他为人很直爽，当然说话做事也得罪了不少人，可无论别人在领导面前打多少他的小报告，只要是无伤大雅，领导都不会真的把他开除，让人总是感觉故意要留他。

刚开始我以为这个同事肯定后台硬，后来直到他跳槽我才知道，原来他在这家公司无亲无故，只是因为他掌握的技术非常专业稀缺，正好是公司所需要的，所以才这么得领导欢心。

很多人一直觉得职场就是一个完全拼情商的地方，情商不好的人难以出头。

其实你若仔细观察，只要一个人在工作中，有某方面过硬的本事，哪怕是脾气差一点，火气大一点，任性一点，也可以找到立足之地。

而那些看似很圆滑，能讨领导欢心，能搞好办公室关系的人，一旦遇到裁员、降薪、换环境的情况，他们就是首先被“开刀”的对象。

倒不是说，职场就是完全只是拼实力。但对于普通人而言，能让你拥有进退自如的底气的，首先应该是你身上的真本事。

02

曾经我有幸跟一位很牛的专栏作家加了好友，我发现，只要她发的动态，即使再平凡不过，点赞和评论也能有上百条，而且全是溢美之词。

其实当时我还很纳闷儿，因为我们共同的好友很多，可在我的印象中，无论其他作者发了再优秀的原创文章，或者取得了什么耀眼的成绩，她几乎从不点赞，更别说会给别人评论了。

按照常理来讲，中国人特别注意“礼尚往来”，如果我经常赞你发的内容，你也至少应该对我发的朋友圈动态有示好的意思啊。

可对于这个作家而言，她根本不需要讨好任何人。

在微信朋友圈，人家愿意对她的一举一动，一言一行都及时给予肯定，赞美，夸奖，也许并不是因为她发的内容真有那么精彩绝伦，而是她本身有强大的气场和实力。

而我的朋友小唐，她总是跟我炫耀她微信加了某位著名摄影师，某企业老总，某行业大咖，她经常在微信朋友圈里给他们献殷勤，比如过节假日就给牛人们发祝福短信，牛人们发动态就第一时间点赞，但凡牛人们喜欢什么东西，她总是竭尽全力去迎合。

可每当她需要找这些牛人帮忙时，他们总是不理睬她。而她虽然很生气，但也不会删除或者拉黑这类人，因为总想着认识他们，日后一定有用。

在社交生活里，有效人脉从来不是指你认识了多少牛人，有了多少名人的私人电话，能够见到多少名人的亲笔签名，而是你自身拥有多少实力。

其实你认识再多优秀的人，都远不如你自己本身就很优秀。因为如果你站的层次足够高，眼界足够宽，实力足够强，自然会吸引同等档次的人。

如果你只是一味地曲意逢迎，而自身其实没什么实力，那你最后也不会真正走进更高的圈子里。

03

昨天我回家，正好碰到邻居王姐，我看她挂在脸上的表情，就知道她又受了老公的委屈。

而每次她只要跟老公吵架，无论是谁的对错，她总是第一个先低头的人。有一次他们吵架，她气冲冲地出了门，可两个小时以后，她还是回了家。

她老公还经常挖苦她说，你不是走了吗？可她只得忍住一肚子火，违心地讨好他说，刚才家里太闷，只是出去透透气。

也许你会觉得王姐活的真的太卑微，太掉价，甚至毫无尊严。可事实却是，她也很想一走了之，她也很想有点个性和脾气，她甚至连离婚的心都有。

可她如果一旦离开她老公，就完全失去了可以依靠的人。因为生活里的柴米油盐和衣食住行，样样都很具体实在，都需要真金白银去买单。

前些年王姐还是一个职场白领，每个月的薪资还不错，在跟她老公恋爱时，活得非常洒脱自信。

因为她自己包里有闲钱，长相还算不错，追的人一大把，她根本就不可能把头低下，去一味讨好谁。

可如今自从两个人结了婚，她辞职在家当主妇，没有了经济来源，自然说话的底气就少了许多，甚至很多时候她都得睁一只眼闭一只眼，不跟老公计较，不然这日子简直没法过。

所以在感情里，通常比较强势的一方，除了仗着被人爱，就是仗着自己有本事。

第一种如果对方不爱你了，你就毫无底气。可第二种不同，因为你自身有能力供养自己，可以不靠任何人吃饭，不需要看任何人脸色，甚至一个人也可以很好地生活时，你就不会那么在意在对方身上得到什么实质性的好处，也不需要依附他。

有底气不是说你要趾高气扬，而是一旦感情遇到任何波折，你不必卑躬屈膝，也有触底反弹的能力。

而当你连基本的温饱问题都解决不了时，你的肚子都是软的，那你说的话做的事，自然也就不会硬实。

04

无论在工作、生活、还是感情中，我们拥有的底气才是最重要，最基础，最核心的。

当你在工作中，拥有了某一项过硬的本事，无论是具体的技术，还是抽象的组织能力……无论到哪儿，即便不会升官发财，大富大贵，但你至少找得到用武之地。

当你在生活中，拥有了自己的能力和水平，那么在你遇到更加高层次的人时，你才不会觉得高攀不起，当你遇到一些低层次的人时，你也不必强求自己跟他们混在一起。

当你在感情中，拥有了经济和精神上的独立，那么你就会用一个相对平和的心态和平等的眼光，不用仰望谁，也不将就谁，即便被抛弃，你也不必害怕。

其实这个世界是很公平的，你有几分实力，自然就会有几分底气。生活是面照妖镜，你若滥竽充数，终有一天会露出马脚。

你的实力有多少，底气才有多少！

你的思维格局，决定你的人生高度

01

你有没有发现，如今很多人对事物的理解非常单一。

比如话多，就是肤浅的表现。比如晒幸福，最终都会过得惨。比如工作没编制，就是永远都不稳定。

但我却认为，打扮朴素的人，不一定就清心寡欲，沉默少言的人，不一定就博学多识。因为，有些人注重形象，而内心依旧丰富，有些人，善于辩论，但性格也厚道大气。

许多人喜欢用一己偏见去看待这个世界。

其实你看不惯的人，未尝试的事，不曾体验的人生，不一定就是错的。反而更多时候导致我们一叶障目的，不是你的所闻所见，而是你固化的思维方式。

02

今年外出旅行，在景区观光，有个五十来岁的大姐突然挡住我，请我帮她照一张相。镜头中，虽然她额上的少许皱纹和头上的几缕白发，让她显得已不再年轻，但爽朗的笑容，上扬的眼角，脖子上围着的大红色丝巾，都显得她的气色和状态非常好。

照完相，我把相机还给她时，她跟我道谢的时候，还顺便加了一句："因为是一个人旅行，所以拍照不方便。"

当时我很诧异，因为在我的意识里，旅行一定要结伴，不然会很孤单。

可大姐告诉我，她离异多年了，一直没再婚，所以没伴，虽然一个人外出显得很辛苦，要自己看地图找路，安排食宿，感到疲倦时也没人帮你提箱扛水。但一个人特别自由，不用去等谁，将就谁，跟谁妥协，可以完全按自己的意愿，看喜欢的风景，听喜欢的歌，住喜欢的客栈，一切都随心随性。

听到这样的答案，我感到很惭愧。

每个人都有自己的生活方式，也许你没体会过别人的生活，不懂其中的心酸和快乐，但接受并理解别人与你不一样的活法，却是一个人成熟的重要标志。

03

我身边有这样一对夫妻，因为身体原因，两人结婚多年一直没小孩。去各大医院检查和治疗后，依旧无果。

于是两个人决定，就当丁克家庭，二人互为拐杖，陪伴至老。

可是周围的亲朋好友，却传来许多流言蜚语。有人说，女方不道德，故意让男方不能延续香火。有人说，是男方不想要小孩，剥夺了女方当母亲的权利。还有人替他们担心，没孩子，感情不稳固。以后老了，连一个端茶倒水的人都没有……

其实人家两夫妻，虽然也曾因为没孩子感到绝望至极，但他们说，毕竟日子还要过下去，不可能一直将它挂在心上纠缠不放。

我们总是习惯性地用一个固定的标准，去对照和审视别人。

但我们并不知道，每个人，每种生活，每种人生，都有很多遗憾。也许你拥有的，得到的，想要的，并非人人都能有。以宽容之心，去看待别人的缺陷，同时不在背后非议他人，不刻意去揭别人的伤疤，是一种难得的修养。

04

前几天，我无意间翻看了同学群的聊天记录。大家正在热议，刚刚创业失败的班长王强。王强大学毕业以后，就顺利考进了一家单位，很快又结婚生子，可以说是妥妥的人生赢家。

刚开始许多人都很羡慕他，可是没过多久，他居然辞了工作，自己创业做广告行业。

但是现实和理想，总是隔着一段很长的距离。

因为经验不足，技术不够，客户资源少，很快他就宣布公司倒闭了。如今的他，正在重新找工作。

于是最近许多人都在奚落他，觉得他太作，非要瞎折腾，简直自不量力。也许，在大多数人眼里，一路平顺就是好事，遇到挫折就是坏事。

但是他们并不知道，人生中，所有正确的选择和错误的决定，都能成就一个人。只要在原则和底线以内，任何尝试，无论结果如何，它都在丰富我们的经历和阅历。

一个人，在对待自己和别人的失败时，能拥有多维度的分析能力，是一种智慧。

05

一个人的层次和高度，并非由你包里的钱，手中的权，得到的名和利所决定的，主要在于思维方式。

一个人的修养，并不在于他打扮得多么得体，形象多么端庄，而是他能否尊重别人不同的生活方式。

一个人的人品，也并不在于他是否做了违法、犯罪、有失公允的事，而是他是否不在背后议论别人，接受别人的缺陷和不完美。

一个人的智慧，也并不在于他的学历多高，知识多渊博，而是，他是否有勇气和决心，去试错和尝试。

我们总是习惯于用狭隘的眼光、僵化的思维、固有的模式，去揣度、臆断和评论别人的人生。

其实生活中，有许多未知的人和事，也许你不赞同，但去接纳、包容它们，却体现了一个人全部的格局和境界。

不必慌张，生活自有其节奏

经常有人问我，最欣赏哪种人？

其实优秀的人很多， 但真正让我佩服的，不是一飞冲天，也不是天赋超群，而是那种，无论干什么事，都能不乱节奏的人。

就如马拉松比赛一样，刚开始赢在起跑线，爆发力强的人，或许开始会遥遥领先，但往往后劲不足，人生之路，比马拉松更长远曲折，想要抵达终点线，急火攻心，猛打猛冲都不可取。

01 不着急

曾经看过，作家陈忠实的自述。

他说，自己在准备开始写长篇小说时，跟他同时期、同地区、同协会的路遥，已经因《平凡的世界》而获得了“茅盾文学奖”。

可想而知，当时的陈忠实，处在多么尴尬的境地中，他当时虽然也小有名气，可是真正拿得出手的作品一部也没有。

他的一位朋友非常替他着急，对他说，你今年再写不完长篇，就从这楼上跳下去。

可是他却说："我不跟任何人比，我就完成我对这块土地的昨天的感受和体验，不为这，也不为那，更不能因此留下遗憾。"

于是他不急不慢，稳扎稳打，从小说萌生到最后结尾，从准备素材到构造框架，从草稿到正式稿，他用了整整六年时间，完成了引起文坛轰动的《白鹿原》。

我身边有位爆文作者 T 姑娘，她刚开始写作时，许多人都不看好她，觉得她笨，只会死磕，用蛮劲儿。有时甚至嘲笑她说，像你这样慢，估计老了也成不了作家。

但她依旧不为所动，既不着急去报名参加写作速成班，也不嫉妒那些比自己厉害的同行，而是每天心不浮气不躁的保持着读书写作，日更两千字。

即使在周末、节假日，她也不会打乱计划，就在她日复一日的努力中，实力与日俱增。

有一次我问她，写作的诀窍在哪里？她仅仅告诉我一句话，不慌不忙，一直写下去。

你永远也不知道，这个世上，不着急的人究竟有多厉害。他们像勤奋的小蚂蚁一样，背着粮食，一点点往前迈进。

他们既不十分悲观，也不十分乐观，只是凭借着强大的定力，脚踏实地地走到真正想要到达的终点。

02 从自我出发

记得冯仑写过与王石登山的故事。

他说，自己的作息时间很不规律，累了就早早睡觉，开心了就会晚一些。

可是王石不一样，无论当时多么高兴，他一定会准时进帐篷休息。

他也有些挑食，爬山过程中，有些东西不好吃，就宁愿挨饿也不碰，可王石不管多难吃，都强迫自己往下咽。因为他非常清晰地知道，自己已不再年轻，想要拥有良好的状态，就必须让自己得到充分的休息，这样才有更好的精力，第二天继续往上爬。

我总觉得，王石的牛气，并不在于他一手创办了万科，而是他能准确地掂量自己，并且做到自律。

有一次我和同事去爬山，许多人一边走，一边聊天。

可是他全程，几乎一句话也不说，只顾埋头看脚下的路，偶尔也抬头看看山上的风景。

也许是因为爬山心切，也许是因为好胜心强，有种人憋着一股劲儿，直接爬到山顶冲第一。

可是他却不这样做，而是每隔爬一段距离，就停下来，喝喝水，休息几分钟，再出发。

刚开始，他看上去并不是体力最好的那一个，可是最后，他是为数不多真正爬到山顶的人。

在山脚就开始志在必得的人，却早就没有了力气，停在半山腰上不来。

后来，许多人说他聪明。

可他却说，因为知道自己身体素质不好，耐力不够，所以爬山过程中，不能太过兴奋，要集中注意力，做到循序渐进。

其实，无论你想要做成什么事，首先要学会认识自己，然后再从自身的实际条件出发，做到极度的自觉，而不是人云亦云，把别人的一言一行当作风向标。

03 持之以恒

你有没有发现，这样一个令人深思的现象：

你以为你跟别人差的是智力，是天资，是运气，其实大多数时候，你差的是坚持到底的毅力。

我看过这样一则小故事：

有一次上课时，苏格拉底布置了一道作业，让他的弟子们做一件事，每天把手甩一百下。

过了一个星期后，他问有多少人现在还坚持做了的，百分之九十的人都坚持做了；一个月后，他又问还有多少人，结果只有一半的人了；一年后，他再问的时候，只有一个人坚持下来了，这个人就是柏拉图。

事实证明，这个世上，即便有少数天才，也需要有坚持的品质，才能做出一番事业。

我们总是说，优秀的人，身上有你没有的特异功能。太多时候，我们不是输给了别人的成功，而是输给了自己的懒惰和退缩。

04

这个世上，努力的方向、选择、路径各有不同，自然结果就不一样。但无论你做什么，干什么事，想要达成什么目标，其中有许多道理都是相通的。

第一、慢一点，比较快。

所谓的成功，其实就是一个瓜熟蒂落，水到渠成，自然而然的过程。

记得毕淑敏曾说："凡是自然的东西，都是缓慢的。太阳一点点升起，一点点落下。花一朵朵开，一瓣瓣地落下，稻谷成熟，都慢得很。"

你只管去努力，你想要的，命运都会以你喜欢的方式送给你。

第二、把靶心对准自己。

我们总是喜欢在前行的途中拿别人做参照物。可每个人的情况都不一样，别人怎么做，其实跟你并没有太大关系。

你要做的就是给自己设定好目标，然后按照自己的实际情况匀速前进。

就如村上春树说，一旦节奏得以设定，其余的问题便可以迎刃而解。

第三、再多熬一会儿。

有人曾说，认准一件事，你就只管一直努力下去，多半都会成功，因为光坚持这件事，就足以打败百分之九十九的对手。

有人问文豪马克·吐温："怎么才能像你一样，写出又多又好的作品？"

他回答说："如果你也跟我一样，每天坚持写十几个小时，坚持写二十年，总会弄一些东西出来的。"

最终你会发现，不乱节奏去努力的人，才是真正的人生赢家。

你有多自律，就有多自由

01

最近一段时间，我特别喜欢在睡前玩手机。原本想就看一则新闻、一个视频、一段留言，可我常常无法控制自己，稍不注意就到了凌晨两三点。

本来我每天要在早上五点起床看会儿书，但现在，由于晚睡，早上起不来，就因为一个不自律的行为，一整天的安排都给打乱了。

这样的状态持续一周后，我发现了问题的严重性。如果再不果断戒掉这个坏习惯，我就会被它彻底征服，然后再纠正就更难了。

于是，我开始对自己发狠了，每到睡觉前，我就强迫自己立马关机。刚开始的日子，非常难熬，每当我想玩手机时，就要想出各种奇葩的办法阻拦自己，不许自己碰手机。这样经历了近半个月，我终于又恢复了晚上十一点准时入睡的习惯，并且也慢慢调整到了正常的作息。

你有没有尝试过改变自己的某个行为？你是不是也有过这样的时刻？

比如你说要减肥，可是面对诱人的美食，总是忍不住多吃了几口；你说要健身，可是面对软绵绵的沙发，总是忍不住多躺几分钟；你说要读书，可是面对好玩的游戏，总是忍不住多打几个回合……

你虽然信誓旦旦地说着要改变，可是每当执行计划时，却又总是太容易放过自己。

02

我有个作者朋友最近遇到了一个难题，她跟出版社签订了出书合同，可是时间都快到了，她的书稿连一半都没写完。

于是，她去向那些笔耕不辍的优秀作者请教学习。她问了很多人，大家都告诉她，想要快速地写出好文章，就必须要逼自己，多写多练，甚至做到“日更”。

朋友很惊讶：“这怎么能做得到呢？有时我即便有时间，但总是因为拖延的毛病，东看看西瞧瞧，一天下来一个字也没写。而想写的时候，又总是抽不出空。等到能写时，睡意袭来，又不想写了。”

其实，许多优秀的作者也不是拥有很多闲暇时间，他们只是非常自律。他们从不给自己找懈怠的理由，哪怕没有灵感写作，也要逼自己读读书、练练笔。

后来，那位朋友说："我原以为，那些能写出爆款文章的作者是有什么特异功能,原来他们都是靠自律赢得了想要的好成绩。"

你有没有羡慕过别人总是有比你厉害的地方？当别人总是有耐力，去做你坚持不了的事情时，你是不是觉得别人是轻而易举就能获得这样的能力？

真正的自律，就是主动脱离舒适区，然后挑战自己，规范自己。

这个过程并不好受，很多人都知道自律会带来很多好处，可往往很难坚持下来，所以这将是对自己内心的挑战。

03

前段时间，我有两个同学一起考证。两个人说好要一起考试，争取一次通过。

同学 A 从决定要做这件事起，就立即买好了书和练习题，还给自己制定了看书做题的详细计划，并且每天坚持按照这样的日程表去复习。

同学 C 总是觉得时间还早，即便有空看书，也常因厚厚的试卷和难懂的书而打了退堂鼓。她每次都安慰自己说，待会儿再看。可是没有一次，她能真正安下心来好好去复习。

两个人一起走进了考场，考完以后，同学 A 红光满面，显露出志在必得的信心。同学 C 则一直低着头，不说话。

果然，三个月以后成绩出来了，同学 A 顺利拿到了证书，公司不仅为她加了薪，还有意要栽培她。同学 C 就没那么幸运了，她工作这么多年，除了工龄较长，能力却不见长，一旦哪天被辞退，就没什么优势可言了。

总有人用散漫的态度，过着被动的人生。他们用片刻的轻松，换来长久的负担和重压。而有的人，却用自律赢得了想要的自由。他们用长期的自律，换来了更长期的选择权和自主权。

所有幸运的背后，都隐藏着无数咬牙的坚持。自律虽然会让你有一段时间不舒服，最终却能给你一个满意的交代。

04

你是不是经常发誓要放下手机多看会儿书，可每天都在一边看手机，一边自我忏悔？你是不是每天都说要锻炼身体，可总是一边心安理得躺在沙发上追剧，一边又怪自己赘肉多了，心肺功能差了？

所谓自由，不是随心所欲，而是自我主宰。

我们曾以为，自由就是想减肥就减肥，想锻炼就锻炼，想看书就看书，想学习就学习，如果不想，就可以什么也不做。

后来才发现，真正的自由是即便我不想看书、不想学习、不想锻炼，可是理智在告诉我：必须要去做，才能保持好身材和好身体，才能长更多见识，才能提高自身的能力。

自律不容易，但同时自律又可以给人带来想要的东西。

你有多自律，就会有多自由。

所谓的好运，要接得住才算数

01

曾听一个服装厂的老板讲过这样一件事。

她最初创业时，招了一名男性业务助理。虽然他很尽职尽责，但能看得出，他对她是口服心不服。

他总觉得，她是一介女流，不仅学历没他高，销售能力和业务水平也没比他强多少。

她的事业能如此成功，不过是因为运气好，正好赶上了挣钱的大浪潮。

于是他在这家工厂，待了三年左右，积攒了一定的启动资金，觉得没什么好学的了，就选择了辞职，准备自己创业当老板。

原本他以为，这是自己大展身手的机会。可是没想到，当他好不容易拉到了一大笔订单以后，才发现供货商突然抬高原材料的进价，员工也在集体要求涨工资，生产车间的大型机器也坏了好几台。

这一切都让他措手不及，完全不知道应该如何处理，最终他苦熬了半年，惨淡经营，入不敷出，最终关门停业。

后来他才明白，原来当老板还需要具备许多看不见的综合实力，比如对生意的谋略布局，稳定员工的情绪，以及较强的抗压能力。

你有没有，觉得自己大材小用、怀才不遇、壮志难酬过，你总是误以为，自己差的仅仅是没有好运的加持和贵人的扶持。

其实当你没有过硬的能力和本事时，即便给你想要的一切外力，也无法给你带来想要的好成绩。

02

前不久，有一家图书公司找到我，说是要主动约我出书，当时我一看名字就心虚了。

因为这家公司算是目前整个出版行业的领军者，他们旗下签约了不少知名作家，也出版了许多畅销书，拥有专业的编辑团队，具备非常强大的策划能力。

而以我目前的文笔，还暂时撑不起这样的好运。

哪怕他们给我再好的资源，再多的点拨，再强的市场宣传，我写的文章质量不过关，最终欺骗的不仅是读者更是我自己。所以我既不愿给自己虚张声势的可能，也不想辜负人家的好意。

后来有个作者知道了此事，立马问我要他们的联系方式。她觉得自己的文字功底，已经炉火纯青，就差这样一个好运。

当时我就告诉她，她还需要再沉淀一下。她不信，结果在报选题的环节就被毙了，最终与好机会失之交臂。

大部分时候，我们缺少的根本就不是好运，而是接住好运的能力。

因为与其去想方设法抓住看似难能可贵的好机会，不如沉下心来，去打磨出与之相配的实力和能力，最终等到你功夫够深、底气够足、水平够高时，一切终将瓜熟蒂落，水到渠成，如约而至。

而当你还没做好万全的准备时，再好的东风，也吹不来你期盼的成功。

03

我有个亲戚，曾在一家企业做人事工作，当时他们急需招聘一名行政人员，那时这个工作岗位，既轻松稳定，薪资待遇也不差。当时想挤进来的人也很多。

而最终通过了笔试，留下了两个姑娘。

其中 W 姑娘是通过家中的关系，才侥幸拥有入围的资格，而另外的 C 姑娘是靠实力脱颖而出。

在面试时，人力同时问她们，会不会熟练使用办公软件？

W 支支吾吾地回答道：“反正打几个字还行。”而 C 却干脆的答了三个字：“没问题。”

人力又问她们：“之前有没有过，从事这方面工作的经验？”

W 满不在乎地说：“之前都待业在家，没干过什么事儿。”而 C 却说，她曾做过两年半的办公室文秘。

最后让她们临场发挥，按照所述内容，写一份工作总结。

结果在半小时以内，W 绞尽脑汁也理不清头绪。而 C 的逻辑性很强，很快就写出了一份既切合实际，又符合公文要求的报告。

最终，C 成功地被留了下来。当 W 的父母跑来求情时，我亲戚说：“她连基本的要求都达不到，实在没办法再妥协和让步了。”

你是否曾羡慕过，那些起点比你高，后台比你硬，比你更有先天优势的人？

其实只要你努力，也同样可以为自己争取好机会。

因为运气也许可以被分配，但最终是否留得住它，还要靠你个人的能耐和才干。

04

许多人，总是把自己的失败归集于运气不好，总是把别人的成功视为天下掉馅饼。但他们都忽视了一个严重的问题，那就是即便把馅饼丢给你，你是否有十足的把握可以万无一失的接得住它。

比如在学习中，假如把超常发挥的好运借给你，你是否可以在基础不牢、底子不深的情况下，把从未见过的难题，毫无差错地做对。

比如在工作上，假如把升职加薪的好运借给你，你是否可以在自身能力和实力不足的情况下，游刃有余地管理好一个团队。

比如在感情里，假如把姣好容貌的好运借给你，你是否可以在性格差、脾气坏、心态不好的情况下，与良人白头偕老，共度一生。

强者，不过是用好运掩盖了背后的努力和勤奋。而弱者，不过是用霉运遮掩了他们的懈怠、妥协和不上进。

其实好运，从来都不偏爱谁，那些看似过得不顺遂的人，身边也常有大机会、大转折和大逆袭的可能。只是到最后，真正能配得上好运的人，实在屈指可数。

所谓的好运，要接得住才算数！

所有的成功，都是蓄谋已久

01

前几天，我看到了刘杨在微信朋友圈里发了几张团队合照。从她那笑意盈盈的脸上和干劲十足的状态中，你可能无法想象她母亲正处在癌症治疗期。

半年前，刘杨的母亲被查出患有乳腺癌，这对于当时的刘杨而言，简直是个五雷轰顶的消息，因为她刚生了二胎不久，孩子正需要人照顾，而她又在外地接管楼盘，根本顾不上家人和家庭。

她痛哭过，自责过，抱怨过，想过立马辞职，回去陪伴母亲和孩子，可是一旦丢掉了工作，凭她丈夫一个人奋斗根本就没钱给母亲治病，也没钱供孩子读书。

于是，她请了两个保姆到家里应急，而她只能选择更加努力工作，好好表现，好好挣钱。

她曾告诉我，那种无能为力，跌入人生谷底的艰难处境，是她人到中年以来遭受过的最大的打击。

可话虽如此，从事情发生起到现在，她都从未主动提及过这件事，连身边的亲朋好友，都三缄其口。

我曾问她，为什么选择沉默，而不是让更多人知道，然后帮助你?

她淡淡地说："谁家里还没点糟心事呢，能自己扛下来的，就不要给别人添堵。"

是啊，在这个世界上，哪个成年人，又活得容易些呢?

我们选择沉默，不过是因为太清楚地知道，许多事除了自己去坚强面对，别人根本无法帮到你。

02

前年冬天，我家隔壁搬来了一个男租客。

从他的外貌看，大概三十来岁，听说他自己创业，在附近开了一家公司。后来的很长一段时间，我都很少碰到他。

最近一次，因为有急事我五点就出门，结果刚好在电梯里遇到他，我们也正好去同一方向。

于是互相打了一个招呼后，就开始简单地聊了起来。

我好奇地问了句："怎么很少看到你在家呀？"

他说："我自己既是老板，又是员工，跑腿打杂，样样都得自己来。每天天不亮就出门，下班回家都已经是凌晨两三点了。”

他坚持这样的努力，已经有五六年了，在这期间，业绩不好，运营困难，挺不过的情况时时都有。

于是我又问：“那你是怎么熬过来的？”

他极其干脆的只说了一句话：“沉下心来，少说话，多做事。”

于成年人而言，默默地去努力，才是最快的成功捷径。

因为你开始懂得，所有光鲜亮丽的背后，都要经历无数次默默无闻的付出，和咬牙硬撑的坚持。

选择沉默，不是不苦、不累、不想哭，而是积蓄力量，把更多时间用在解决问题上。

而大张旗鼓地去抓、去闹、去抱怨，除了分散精力，让人浮躁，并无任何益处。

03

昨晚，我准备入睡时又收到了投诉，理由是我滥用原创，抄袭别人的文章。

其实， 这已经不是第一次遇到这样的情况了。以前我会大动肝火，恨不得把这个投诉的人，立马揪出来，我要当面跟他对质，问他凭什么污蔑我？

还要让他看看，坚持了日更文三年，每一个词语，每一段文字，每一个标点符号，都是自己琢磨、推敲出来的。

可是这一次，我选择了一言不发，冷静沉着，有条有理地把证据和证明规范合理地提交给审核部门。很快，我收到了跟以往一模一样的回复，投诉不通过，我符合原创的标准。

但不一样的是，以前我每收到一次投诉，都要发火动怒，而这一次，我平静地等待了原本属于我的公平和公正。

当你步入社会后，会遇到各色各类的人，但凡你稍微做出点成绩，就有人嫉妒、诋毁，就会有人想要扳倒你，你去跟这样的烂事去纠缠，不仅会消耗掉你自己的能量，还会让你陷入糟糕的情绪里。

我们选择沉默，不是代表我们没脾气、没本事、懦弱无能，只是你要知道，有许多事，我们不一定每一件都要去做无谓的争辩，而是尽量选择用铁的事实去替你说话，即便暂时被冤枉，只要你没做错，身正就不怕影子斜。

04

越长大，你越会发现，一个人成熟的标志应该是学会不动声色、从容不迫、镇定自若地去应对一切事情。

以前我们总认为，有苦要说出来，有难要讲出来，有委屈要倾倒出来，可是你渐渐会明白，沉默，有时是一股强大的力量，它教会你，如何变得坚强，如何去应对难事，如何去学会自处。与其把自己耗在泥淖里，不如安静地努力，适当地发力。

终有一天，你会明白，做一个沉默的大人，是一份乐观的心态，是一种豁达的状态，更是一种难能可贵的智慧！

使你疲惫的，可能是鞋子里的一粒沙

01

看过一个演讲故事。

哈佛大学的一位教授拿起一个装有水的杯子，问在座的听众：“猜猜看，这个杯子有多重？”

“50 克。”“100 克。”“125 克。”大家纷纷回答。

“我也不知道有多重,但可以肯定人拿着它一点也不觉得累。”

教授说：“现在，我的问题是：如果我这样拿着几分钟，结果会怎样？”

“不会有什么。”大家回答。

“那好。如果像这样拿着，持续一个小时，那又会怎样？”教授再次发问。

“那胳膊肯定会变得麻木，说不定肌肉会痉挛，到时免不了要到医院跑一趟。”一名听众大胆说道。

“很好。那如果我不想让胳膊发酸、肌肉痉挛，那该怎么做？”

“很简单呀。您应该把杯子放下。”一名听众回答。

“正是。”教授说道，“其实，生活中的痛苦有时就像我手中的杯子。我们埋在痛苦里几分钟没有关系，如果长时间地想着它不放，它就可能侵蚀你的心力。日积月累，你的精神可能会濒于奔溃。那时你就什么事也干不了了。”

有一句话说得好：“人生除了生与死，再无大事。”很多人懂这个道理，却依旧做不到。

我们之所以容易困在一人一事一局中，其实还是因为我们缺少一些处世的智慧。

02

作为成年人，每个人的生活中都有许多不如意。

最终击垮你的，也许并不是你无法承担一切坏结果，而是你始终放不下自己的糟糕情绪。

乐观的人，并不是一路平坦，而是即便身处泥沼，万般不顺意，也能摆正心态，能扛的就扛，能忍的则忍，改变不了的就放弃，需要努力就踏实地努力。

当然这样的处世态度，并非一朝一夕就能学会。

它需要你读万卷书，行万里路，阅人无数，不断地在挫败中修身修心，最后修炼出一个更加平和、开阔的自己。

伏尔泰说过："使人疲惫的不是远方的高山，而是鞋子里的一粒沙。"

03

其实，人的一生会遇到许多不如意的事。但正是这些经历，让我们学会更好地沉淀，丰富和完善自己。

过去的事，已成定局，未来的事，我们无法预测，唯有活在当下。

努力工作，用心生活，善待你身边的人，只要踏实、从容、安定地走下去，你就会发现，没有什么人，是淡忘不了的，也没有什么事，是过不去的，错了就错了，过了就过了，把握现在，即是永恒。

学会放下，既是不念过去，也是不畏将来；学会放下，既是原谅别人，也是和自己和解；学会放下，既是承担和接受，也是重新开始，再次起步。

越懂得放下的人，越快乐。

第三章

努力是一场孤独的奋斗

优秀的人之所以比我们更愿意去持续努力，是因为他们尝到了优秀的甜头。

拒绝做人生的差评师

01

最近听说刘姨的老公王叔又晋升了，大家都很羡慕她。毕竟老公这么厉害，老婆的面子上也有光啊。

很多人认为，长相普通，身材一般的刘姨是因为运气好，才能嫁一个这么有出息的老公。但我却不这么认为。

他俩结婚时，王叔还是单位里的小职员，不高不帅，业务水平弱，抗压能力差。

有一次，王叔的领导准备让他单独承接一个项目，干得好就可能会提拔他，干不好，不仅职位不保，还很有可能被开除。

那时的王叔工作经验尚不丰富，实操能力和管理水平也不成熟，所以这个烫手的机会落在他手里，他感到异常不安和焦躁。

如果换作其他女人，即便心里是希望老公再接再厉，但言语中也会不小心流露出一些负面情绪。但刘姨没有，她似乎看出了老公的胆怯、害怕和犹豫。于是，她不但没打击他，反而鼓励他，让他不要有后顾之忧，全力以赴奔事业。

心怀忐忑的王叔，受到老婆如此大的肯定后，心理包袱越来越小，士气大增，最后坦然接受了新的工作任务。

虽然最终那个项目还是因为各种原因失败了，但刘姨不仅没有想象中那么失望，反而在老公身上努力挖掘其他闪光点，比如她经常夸王叔工作认真，对同事友好，办事可靠……

女人要宠，但男人也需要捧。而捧的意思不是王婆卖瓜，自夸自家，更多的是你要在男人失意、落魄、面对挫折时，给予他支持和鼓励。

其实每个男人都希望得到爱人的肯定，毕竟谁不希望得到被人认可的感觉呢？很多时候，女人的一个小小的肯定，足以让一个平凡、普通的男人不惧艰难，勇往直前。

02

李波几年前将稳定又高薪的工资辞去，果断地选择了自己创业。在整个创业过程中，他老婆兰姐不仅不帮忙，还不断打击、怀疑、否定他。

公司初创时因为资金不足，给员工的薪资待遇比较低，因此刚开始招不到人。这时，兰姐就冷不丁地补一句：“谁愿意跟你这个穷老板一起混。”

等公司好不容易开了张，但不凑巧的是，开业典礼上出了一点小状况，兰姐这时又说：“我看老天爷都觉得你不行。”

因为公司初创，刚开始接到的几个单子，利润都不高，于是兰姐又过来说气话：“你这样干下去，一辈子都不要想出人头地。”

后来李波创业失败，没想到在他最低谷时，兰姐还一个劲儿地数落他，尽说些尖酸刻薄的话。这让李波开始想，自己真的有那么差吗？于是在老婆的反复强调下，他就真的变得平庸了，如今干着一份不上不下的工作，勉强混日子。

其实以李波的能力，创业失败一次根本就不可能击垮他。他自身实力非常强，即便再重操旧业，依然可以东山再起。但他有个致命缺点就是，心理素质差，虽然他后来的平庸自己占大部分原因，但兰姐对他的不肯定，绝对也是一个重要的因素。

一个男人可以很强大，他可以在外冲锋陷阵，上刀山下火海。但男人同时也很脆弱，有时，他身边人的一个不经意间透露出的质疑，就可以让他突然泄气。但身边人一句看似简简单单的肯定，也可以让丢盔卸甲的男人，重新燃起斗志。

“肯定”这两个字，看似不起眼，但事实上，“肯定”对于男人来说，是一股不可思议的推动力。

03

昨天我回家，听我妈说，我的一个表叔二婚以后，就像变了一个人，性格更开朗了，对工作也更认真了，待人接物也更和善友好了。

很多亲戚说，因为新婶婶跟表叔的命比较合，但我倒认为，他是真正遇到了一个可以肯定他的人。

以前，表叔虽然在工作上花了不少心思，但因为其他客观因素，他的事业一直不见起色。而前表婶无论在家，还是在外面，都嫌弃他没出息，还挖苦他，钱和名两样都没捞着，但每天比总统还忙。

可如今的新表婶，她知道表叔虽然工作踏实，但在人际沟通上差了点。所以她一直很支持表叔的工作，还总是称赞他，能够养活一家人已经非常棒了。

前表婶总是对表叔说，你看隔壁邻居都准备换套大房子了，咱家还住在破小区。人家老公送老婆的生日礼物都是钻石，你就顶多给我煮碗鸡蛋面。

但如今的新婶子从来不拿表叔的软肋跟别人做无畏的对比，总是有意避开他的缺点和劣势，把他的优势和优点尽量放大，比如表叔做饭很好吃，开车很稳当，钓鱼很厉害等。

有人曾说，男人决定了女人的生活方式。其实女人也同样决定了男人的高度和格局。在婚姻里，很多女人都喜欢做男人的差评师，她们认为多批评指正，过于放大对方的缺点，甚至揭露他们的软肋，就能激励他们。

其实，谁愿意被泼了冷水还满心欢喜？谁会被打击后还能懂你的良苦用心？谁可能被嘲笑后还感谢你的出言不逊？

再强的男人也是普通人，同样也希望被给予热情的赞美、肯定和鼓励。

04

这个世界上从来没有十全十美的男人，就如世上也没有完全尽善尽美的女人。

其实每个男人都有自己独特的魅力和过人之处，这要看他身边的女人用什么态度和眼光去看他。

通常越优秀的男人，身边多数有带给他们正能量的女人。而越活越平庸的男人，身边多半是对他抱怨不断的女人。

我听过这样一个故事：有一个男人，在本村的小学教书。由于没有经验，不到一周就被学生轰下了台。回到家后，老婆安慰他说："也许有更适合你的事情等着你做。"

后来，他外出打工，因为动作太慢，又被老板轰了回来。这时老婆对他说："手脚总是有快有慢，但不代表你没有工作能力。"

之后几年，他终于凭着一点语言天赋，做了聋哑学校的辅导员，开了培训学校，还成了拥有几千万资产的老板。

有一天，他问他的老婆："我自己都觉得前途渺茫的时候，你为什么对我那么有信心呢？"

他老婆说："一块地，不适合种麦子，可以试试种豆子；豆子也长不好的话，可以种瓜果；如果瓜果也不济的话，撒上一些荞麦种子一定能够开花。"

因为同一块地，总有适合它生长的种，你只要肯定它，鼓舞它，它终会找到属于它的一片收成。

女人的肯定给了男人在逆境里最佳的鼓励，也是他们面对挫折和困难时最好的解压药，更是两性关系的润滑剂。

肯定男人的努力只是随口一句话，一个手势，一个简单的动作，却往往最容易被女人忽视和遗忘。

如果你希望身边的男人越来越优秀，那就应当学会肯定他。

最怕碌碌无为，还安慰自己平凡可贵

01

周末我去参加同学聚会，老同学们聚在一起成立“抱怨会”。

有人说，工作压力大，工资又很低，感觉人生毫无奔头；有人说，生活就像一潭死水，没有什么特别大的惊喜，但是糟心事一大堆；还有人说，夫妻感情越来越淡，孩子的成绩也是直线下滑，真不知道为什么所有倒霉事都发生在了自己身上？

我在一旁默默地听他们说着，心中不免有一些疑惑：对现在的工作不满意，为什么不尝试提高自己的能力，或者干脆换一份工作？对生活不满意，为什么不尝试着利用空闲时间，去发掘更多的兴趣爱好，让自己多去接触更大更广更有趣的世界？对家庭不满意，为什么不尝试着跟爱人多一些沟通和理解，对孩子多一分耐心和用心，让自己成长为一个合格的成年人呢？

也许当我这么说以后，他们会找到无数个理由来反驳我，比如时机不成熟、机会不平等、时间不够用等，可你反过来想想，如果只是单纯地抱怨，其实并不会有任何好处，甚至还会让你陷入越来越悲观的心态中。如果你尝试着去改变，尽最大的能力去改善自己的生活、工作状态和家人的关系，那结果或许就会有所改变。

有些人只要遇到一点问题，就只会发泄不良情绪，而没有把焦点放在解决问题上。其实如果你懂得突破自我，寻找出口，会远比停在原地跺脚更有用。

02

前段时间，朋友小鱼向我诉苦。她说很想要辞职，因为不仅工作量太大，同事难相处，领导还特别严厉。

我劝她说："你有没有想过，凭你现在有限的资历、经验和业务能力，即便换家公司，还是会遇到同样的问题，而且频繁换工作，对你的职业生涯也没有啥好处。工作不会因为你的抱怨就变得越来越少，同事也不会因为你的抱怨突然待你如友，而你的领导更不会因为你的抱怨就改变了行事作风。"

后来，小鱼收起了抱怨情绪。工作多，她就想办法提高工作效率，同事脾气差，她尽量调整自己的情绪，领导要求高，她就尽量把工作踏踏实实地干好。

如今的小鱼，工作能力越来越强，人际关系越处越好，她也开始慢慢得到领导的赏识，在公司渐渐成了后起之秀。

无论是职场新人还是老员工，无论是管理者还是普通职员，谁都会有不如意的时候，偶尔抱怨在所难免。可如果遇到问题就只会抱怨，那么不仅不能解决问题，还会因抱怨太多而过得越来越不顺。去改变你可以改变的，人生就会跟着变得更好。

03

每个人在生活里都会遇到各种挫折与困难，委屈和痛苦。有的人只会怨天尤人，把一切不顺心的事都归于外因。而聪明的人则懂得从自己出发，把失败当作经历，不断往积极的方向改变，最终才能解决问题。

有这样一个故事：

梅雨季节，儿子烦躁地看着窗外淅淅沥沥的雨，不耐烦地说："老天爷真是不长眼啊！雨下了这么多天，也该停一停了吧？房子漏水，粮食也开始发霉了……还有，这身上的衣服也全都湿了，洗了也干不了，没得换！老天爷啊，你到底要干什么……"

正在这时，父亲从外面回来。他浑身被雨湿透，一进门正好听到儿子的抱怨。父亲一边换衣服，一边说："喂，你那么大力气骂老天爷，要是老天爷被你气坏了，以后再也不下雨了，怎么办？"

儿子头也不回地说道："哼，老天爷才不会生气呢！他根本就听不见我在骂他！"

父亲忍不住笑了："呵！你这个榆木脑袋，都知道骂也没用了，为什么还做蠢事呢？"

父亲接着劝儿子："傻小子，与其在这里骂天，还不如赶紧打伞去把屋顶修好，再去生火把衣服和粮食烘干，好好地饱餐一顿，晚上就能安安稳稳地睡个好觉了！"

儿子还想还嘴，却被噎得说不出话。

如果你对自己的身材不满意，先不要急着抱怨自己是易胖体质，试试少吃、多动、勤锻炼；如果你的工作不如意，先不要抱怨公司欠了你多少，自己先不断积累经验，好学、上进、求发展；如果你感觉婚姻不美满，不要总抱怨爱人脾气差，先检讨自己是不是也有做得不好的地方。

当你越来越懂得去努力改变而不是抱怨时，你的人生之路才会越走越顺遂。

每个人都是通过自己的努力，去决定生活的样子

01

曾看过这样一则报道，在名校当保安，宿管，或者是清洁工，都比同行业同岗位的其他人更有前途。

比如，在清华大学的食堂曾经有一名厨师叫张立勇，他每天的工作就是捡煤球，蒸馒头，但看着年龄与他相仿的同学们，个个都是精英，他感到很自卑，于是从此以后决定奋发图强。

他开始从头开始学英语，他连高中都没毕业，但在满分 670 分的英语托福考试中获得 630 分，后来去干了与英语有关的工作。

比如，北大曾有一名保安张君成，当时有几个老外进校，他因为不会英语受到嘲笑，最后他决定努力学习。并且在一位教授的帮助下，拿下北大法律成人高考的专科文凭，后来到一所民办中专担任常务副校长。

据不完全统计，在这两所学校，通过读书彻底改变命运的学

校服务人员，有接近一百五十名左右。

由此可见，名校不仅可以出人才，还可以让原本普通甚至处于底层的人逆袭人生。这跟名校的光环、声望、名气并没有太大的联系，而是取决于名校所拥有的尖端人才、较高的平台、精神底蕴等。

当一个人在一个充满正能量和积极向上的圈子里，就会耳濡目染，受到熏陶，甚至可以激发斗志。

不得不说，你处在怎样的环境，跟什么人相处，有时真的很重要，它甚至决定了你未来的人生高度。

02

在职场上有个理论：如果领导是头狼，即便他的手下全是羊，也会被带成狼。反之，如果领导是头羊，哪怕员工曾经全是狼，也会被带成羊。

比如你的领导，做事态度不认真，畏首畏尾，喜欢推责，久而久之，你也会慢慢适应，也会变得懈怠。

但如果你的领导是个勇于尝试、大胆创新、不怕担责的人，你也会干劲十足，不断激发潜能，提高实力，增长经验。

所以说，跟对人很重要。

你的领导，就是你的引路人，他是往高处走还是低处流，是具有远见卓识还是平庸无能，几乎直接决定了你是可塑之才还是怀才不遇。

而且你的工作水平和能力，也会间接受到周围同事的影响。

比如你的同事，都是一群不求上进、消极懒散、混日子的人，那么你也会被带入煮青蛙的温水里。

但若他们都是一群脑洞大开、思维敏捷、学习能力强的人，那么你也会跟随他们的脚步，不断往前行。

我经常听人说：当你发现自己，一直在一个圈子里，没有进步甚至倒退时，就要考虑一下，是否该换一个环境。因为跟你共事的人，他们的言行举止、谈吐思维、心态状态都会在潜移默化中，逐渐同化你。

03

我表弟读高二的时候，成绩下滑严重。

我姨妈姨父着急的不得了，于是他们给表弟又是补课，又是警告，甚至焦虑得晚上睡不着觉。

但是无论他们怎么折腾，效果都不明显。

无奈之下，我姨妈去找了表弟的班主任，一问才知道，这大半年以来，表弟跟班里几个贪玩、爱打游戏的同学，走得比较近。

后来，姨妈刻意让他避开跟这类同学玩，尽量不跟他们来往，结果没过多久，表弟的成绩，就有了明显的提高。

读书时，父母总教导我们，要多跟品德好、有礼貌、表现好的同学在一起玩。那时觉得这个观点，既老套又势利，可是现在想想，还真有几分道理。

因为对孩子而言，意志力和判断力都较弱，他们的生活习惯、学习状态、思维方式很容易受到身边的同学和朋友的影响。

其实这个道理，也同样适用于成年人。

如果你的朋友都爱抱怨，偏激易怒，负能量爆棚，那么你的脾气也会慢慢变得不温和，且同时充满戾气。

反之，你的朋友都积极向上，与人为善，时常感恩，那么你也会是一个阳光的人。

因为万事万物都在相互影响，朋友就像一面反光镜，我们会在不知不觉中，去参照对方的习性和三观。

荀子曾说："蓬生麻中，不扶而直。白沙在涅，与之俱黑。"

你身边的朋友，他们的人品和素质是什么样子，通常都会间接投射在你身上。

04

股神巴菲特说过："我这一生最重要的投资，不是购买了哪只股票，而是选择了谁成为我的伴侣。"

曾经我以为他是在说笑，后来见证了身边诸多的夫妻现状，才真正明白了这句话是多么正确。

一个已婚男士说，他未婚的时候，跟几个朋友一起创业搞投资，可是婚后他老婆再三催促他，拿回十万元的投资资金，然后把钱存银行，他无奈地满足了老婆，而三年以后，他曾经放弃的项目已经价值百万。

如今他即便心中有再多抱负，机遇出现再多次，也因为老婆的不支持，而屡屡作罢。

我问他："难道你不可以自己做决定？"

他无奈地说："结了婚的男人，想要再义无反顾地投奔事业，几乎不可能。"

多的不说，每天一回家的迎接你的吐沫星子，就足以让你心烦意乱，对付一个不通情达理的老婆，比对付一百个刁钻客户还要难。

我认识的一个朋友，她婚前还是一个温文尔雅、知书达理的妙龄少女，可是婚后，跟一个不求上进、谎言漫天的男人在一起，她也被逼成了一名泼妇。许多人都爱说，女人一结婚就变得不可爱，但又有谁知道，遇到一个不挣钱、不顾家、不管孩子的老公，她们除了声嘶力竭、河东狮吼外，就只剩下彻底的绝望。

其实你的伴侣，和你就是一条绳子上的蚂蚱。任何一方的不和谐，不配合，都会让彼此陷入无底深渊。

因为你们彼此绑在一起，同呼吸，共命运，连吃饭睡觉都逃不开对方的掌心和视线。

即便你主动脱离，也必定是满身伤痕，说是伤敌一千自损八百，也毫不为过。

05

人都具有社会性，我们最终会成为怎样的人，不单纯地取决于我们想要成为怎样的人。而是围绕在你工作、生活和感情里的那些离你最近的人和圈子。

低层次的人和糟糕的圈子就像一个毒瘤，不断地向你扩散，并在潜移默化中腐蚀你，让你毫无反抗的能力，直到跟他们一起同流合污。

而高层次的人和优质的圈子，就像温润的太阳。

他们不仅自带光芒，也会驱走你身上的乌云和暗影，让你重获新生。

远离负能量，靠近正能量，如果实在没办法选择，我们还可以尽量做到坚守本心，加强定力，洁身自好。

内心强大到“混蛋”，比什么都重要

总有人说，这个社会对女性非常不友好。比如在工作中，女人再优秀，也会遭遇性别歧视；生活里，她们再有理，也有苦难言，百口莫辩。

即便在感情里，女人也要承受各种数不尽的心酸和委屈。

但是女人是否就只能选择认命呢？其实女人一旦强大了，全世界都将变得和颜悦色。

01 有真本事，才能获得尊重

前段时间，有个读者给我留言说，她最近又得到了升职加薪的机会。

她的同事们，虽然百般眼红，但对此并无太大异议，毕竟她的实力摆在那儿，不服不行。

在工作中，她总是严格要求自己，并没有因为自己是女性，就心安理得地少加一次班，少写一份报告，少承担一份任务。

有一次，她发烧重感冒，依旧坚持跟团队一起熬夜做项目，直到事情处理完。她也没在大家面前提过，她说这是自己分内的事，并不值得炫耀和同情。

有一次，领导安排外地出差，想着时间太长，条件又艰苦，害怕她吃不消。结果她主动去请缨，要求跟其他男同事一起，奋战在第一线。

还有一次，公司的同事给她使绊子，导致她的一个重要客户流失。结果她二话没说，主动接受公司的处罚。事后，人家问她为什么不申诉?

她淡定地回道:“一来我没足够的证据，证明自己被小人陷害。二来，出了问题，这其中，我一定有不可推脱的责任。”

如今，女性在职场，处境其实非常的尴尬。

一则，上升的空间总是受限制；二则，还有人对女性的能力存在根深蒂固的偏见。

但换句话说，女性员工在工作中，确实存在诸多问题，比如遇事就慌乱，情绪不稳定，爱斤斤计较等。

其实要想扭转这样的惯性思维，靠的不是撒娇、卖萌、叫苦、比惨，而是不矫情、不懈怠、不拈轻拍重，以竞争优势，而不是性别优势，去赢得该有的嘉奖和犒赏。

记得，哈佛三百多年，唯一一位女校长德鲁·福斯特曾说:“我不是什么哈佛的女校长，我就是哈佛的校长。”

此话一出，无比霸气，也充分说明了女性要有真本事，才能为自己争取该有的尊重和认可。

02 有挣钱的能力，才能少受委屈

前段时间，小区里的一对夫妻因为一件小事在吵架。

丈夫怒吼妻子：“你就是一个败家子，你看你买的包包、鞋子、衣服，简直堆积如山。”

其实妻子并非购物狂，她买的物品既在经济承受范围以内，也有一定的节制，更重要的是，她有养活自己的能力。

于是妻子振振有词地回应道：“我又没花你的钱。”

她丈夫顿时哑口无言，因为他真的找不到任何词语回怼。

曾经，她婆婆看不惯她，于是就各种无故挑刺。比如抱怨她，没把自己的儿子照顾好，不会当家，不懂节约用钱……

要是换作其他家庭妇女，只能低着头，流着泪，默默忍受着。毕竟拿人手短，吃人嘴软，再怎么强势，一旦从别人包里拿钱，人格自然就矮了一大截。

可是她却理直气壮地说：“首先我不靠任何人养活，而且这个家不是你儿子一个人撑起的，而是我们共同努力，才创造了如今的好日子，所以不存在我要卑躬屈膝地照顾谁，而是我们互相扶持而已。”

她婆婆一听，虽然嘴里还狡辩，但是婆婆心里清楚，得罪了儿媳妇，他儿子的日子也不会太好过。

虽然妻子的态度稍过强硬，但反过来看，这个世界，并不是你隐忍，你谦让，你大度，就对你格外友好。

相反，你只有有了独立的经济能力，在生活里才能少受气，不被人瞧不起。

亦舒曾说：“经济如果不能独立，则什么都不用谈，衣食住行全靠他人施舍，却口口声声不愿做附属品，哀莫大焉。”

在生活里，很多女性总是扮演着委曲求全的角色，她们确实活得很累。可是女人如果学不会强大自我，没有过好生活的能力和底气，那么她们永远不会有足够硬气的话语权。

03 内心要够强大，才能活得潇洒

我有个亲戚，前段时间离婚了。

她年轻时，长得貌美如花，家境也殷实，但非要顶着与全家人决裂的压力，也要跟她的前夫结婚。

那时她前夫，一穷二白，什么也没有，两个人白手起家，一起奋斗了十多年，才算苦尽甘来。

可自从有了钱以后，他就开始朝三暮四。

就在她刚怀上二胎时，她突然发现了丈夫在婚内出轨，不仅养着年轻漂亮的小三，甚至还给她全款买了一套房。

当时她几乎快崩溃了，她哭过，闹过，想过上吊自杀，甚至到医院做了流产手术。所有人都在劝她，退一步，至少还能保全家庭。但在权衡利弊，思量再三后，她依旧选择了离婚。

在历经痛苦和低谷后，她不仅坚强地挺了过来，整个人就像脱胎换骨一般，开启了全新的生活。

如今的她，每天过得既充实，又有余暇。既能照顾好儿子，对自己亦不怠慢。既有挣钱养家的能力，也有貌美如花的底气。

她说："对于那一段不堪回首的往事，我也慢慢释怀了，不再过多地去纠结和怨恨。"

未来她也不会排斥婚姻，即便没遇到适合的人，一个人也可以过好下半生。

记得梁文道曾说："一个女人一定要有自己过好日子的能力，要有别人没法拿走的东西，这很重要。"

在感情里，很多女性，总是特别容易受伤。其实仔细想来，女人的一辈子，又有几个没遇到过这样背信弃义的男人和痛彻心扉的往事？

那些活得顺遂的女人，并不是一路坦途，不过是自备了女王心，有着无论被生活如何揉捏，依旧能练就屹立不倒，好好活下去的意念和决心。

女人们，总是爱抱怨：我其实也很努力，但总不被领导同事认可；我待人友善，但所有人都骑在她们头上；我对待感情始终如一，但总是遭遇不幸和背叛……

但抱怨有用吗，求救有用吗，装可怜有用吗？

女人千万不能有，我弱，我就该被保护，被重视，被善待的心理。如果你学会了自食其力，自我完善，自我疗愈，你的人生才有逆袭的可能。

为此，女人一定要做到这三点：

第一，你要努力工作。

有人曾问刘嘉玲，工作带给女人最棒的一点是什么？她回答："开阔视野，然后让你有自信心，有尊严。"

第二，你要有挣钱的能力。

一位作家曾说："女人没钱，靠别人的施舍和接济，最终只能以乞讨的姿态去迎合所有人，而在此之间，你付出的所有苦劳，都廉价的不值一提。"

第三，你的内心要足够强大。

王朔曾在《致女儿书》中说："内心强大到'混蛋'，比什么都重要。因为人的身体可以孱弱，但精神一旦被摧毁，就等于失去了全部。"

最终你会发现，其实这个社会，对女人，也很宽容，因为女人一旦由内而外变得强大，全世界都将对她和颜悦色。

该吃苦的年纪，就别心安理得混日子

01

你身边有没有这样的人，当你还在强迫自己多看几页书时，有的人却为此每天乐此不疲，读得废寝忘食。

当你觉得努力为时已晚时，有的人到了退休年纪，依旧还在学代数和微积分；当你抱怨机会太少，运气不好时，有的人却在困境中，实现了一次又一次的逆袭。

你以为这些人，都有如神助，其实他们普通如你我，不过是比你对自己更有要求。

我有个同事，前段时间辞职了。

当领导问她是不是对公司有不满时，她却说，她辞职，是为了回去读博继续学习。

领导又说，可你平时的工作表现非常出色，而且，从始至终，公司根本就没有质疑过你的能力。

但是她过不了自己这一关，因为她工作，不仅仅为了挣钱，还为了更好地实现自身的价值。

很多人都对她的离开表示惋惜，因为她有大好的升职机会，却白白地浪费掉了，而其他人却时刻在警惕着裁员名单里有没有自己的名字。

不得不说，人与人之间的区别并不是表面意义上的功成名就，而是当你生活在四平八稳的生活中时，是否还愿意对自己狠，是否还有勇气脱离舒适区，重新去挑战自己，重新扬帆起航，重新为了新的目标不断奋进。

02

前段时间，有篇文章写道：抖音是如何毁掉这一代年轻人的？

当时我的微信朋友圈里有很多人都在热议，但他们一边想尽办法，脱离手机，一边又无法控制自己，他们只要停下来，一分钟不看手机，心里就痒得发慌。

但我身边有个朋友，她根本就没有这样的烦恼。为什么？因为她根本就连这款 APP 软件都没有。

当大家每天都在拿着手机，互相分享搞笑、奇葩、异类的小视频时，她根本不为所动，而是尽量抽出空闲每日读书、学习。

当大家跟她聊起这类话题，嫌弃她太土太落后，跟不上时代的节奏时，她却非常坚定地认为，并不能因为盲目的合群，就去分散自己的注意力。

当大家称赞她很有毅力时，她却诚实地说道，正因为知道自己毅力不够，所以连看都不看，就从根源上，杜绝了自己沉迷其中无法自拔。

其实每个人都很难经得起诱惑、考验和试探，因为人的本性就是趋于舒适、懒撒、安逸。

但是优秀的人,之所以能有如此强的定力,并不是他们不贪玩，不爱娱乐，不想放松，而是他们舍得折腾自己，从不给自己创造一切懒撒的机会。

03

我认识一个优秀的写作者，她曾告诉我，自己写作的秘诀就是千万不要轻易向自己妥协。比如她无论多忙，每天都要规定自己必须看两个小时书，写一小时随笔，再做半小时笔记。

刚开始她认为自己，根本做不到，因为她不仅工作任务重，生活里更是充满了一地鸡毛，每天像陀螺一样连轴转，哪儿还有精力和时间去提升自己？

可是后来，她无论多忙，也总是能抽空做完该做的事。无论发生任何事，几乎都很难打乱她的节奏。

这前后的变化，都要归功于她对自己足够狠。她说，其实大多数人，所谓的忙碌，并不是毫无生存余力，而是不愿意给自己施压，不愿给自己添麻烦，更不愿让自己吃苦。

但扪心自问，你每天上班真的忙了八小时，期间没刷过微信，没逛过淘宝，没说过废话？你每天做家务，真的是时时刻刻都在做饭，拖地，洗衣服？没有看过电视，逛过商场，闲聊过八卦？

更多时候，我们用忙碌、辛苦、劳累作为不努力、不成长、不提升的挡箭牌。

大多数人的努力，根本就没有达到满额超标的情况，我们只是习惯性的自我麻痹，以求放过自己一马。

但是只有少部分的成功人士，他们时刻保持清醒的状态，他们根本不给自己喊冤、叫苦、不努力的机会。

04

如今很多人的状态，是这样的：

很羡慕那些优秀人士，所取得的成绩，获得的荣耀，得到的犒赏，但是他们又舍不得，对自己下狠手，去完善，去改变。

他们一边抱怨，工作任务重，却从不试图去分解压力；一边抱怨，生活很无趣，却从不尝试去接触新鲜的事物；一边抱怨身材走样，却从不愿意去控制自己的体重。

相信你身边也有这样一部分人，他们完全不娇惯自己，对自己有着最严格的要求并且真的努力的人。

比如他们的学历比普通人高，懂的比普通人多，知识比普通人渊博，可是他们却比普通人更加努力地去读书、学习和精进。

比如他们的工作比普通人做得好，任务比普通人完成得好，计划比普通人写得好，可是他们却比一般人，更爱培训、进修和深造。

比如他们的身材比普通人好，面容比普通人好，形象比普通人好，可是他们却比普通人，更容易管住嘴，迈开腿，勤做运动，多护肤。

其实，越是优秀的人就会越努力。而越是努力就越幸运，这就形成了一个良性循环。

但大多数人是什么样子呢？越是平庸就越不努力，越是不努力就越是走霉运，这是一个恶性循环。

你有多优秀，就有多努力，就对自己有多狠！

愿你一生努力，一生被爱

愿你明朗坦荡纵情豁达，有得有失有坚持，能哭能笑能尽欢。

你是否有这样的感受：越长大，使你伤心的人，让你为难的事，跟你作对的日子就越来越多，但可以表达的情绪，可以倾诉的余地，可以喘息的时间却越来越少。

有时你很脆弱，也许一根稻草就可以轻易将你压垮。有时你也很坚强，咬咬牙就可以独自走很长的路。

虽然这一路走来，我们经历了许多不称心、不顺遂、不如意，但你只要保持乐观积极的心态，我们就不会被挫折打败。

因为这个世上，每个人都有自己的不容易，重要的不是去缅怀过去、忧虑当下、感伤未来，而是立足当下，竭尽全力做好手中的事，不遗余力珍惜眼前人。即便到了最后，结果不如所愿，也可以做到无怨无悔。

如果一个人，遇事就喜欢逃避，轻言放弃，那么无论别人怎么帮他，他最终都不能从泥沼中真正走出来。

反之，如果一个人，能坚强、勇敢、豁达地面对所发生的一切，那么不论命运多么出其不意，都无法让他彻底陷入困境。

也许我们每天都会面对无数来自四面八方的压力。

比如工作上，虽然有时吃了苦头，受了劳累，吞咽了委屈，也适应了默默承担，不抱怨，不诉苦；

在生活中，有时被误解，被诋毁，被孤立，也习惯了沉默，不辩驳，不解释；

在感情里，有时动了不该动的心，爱了不该爱的人，也学会了自我安慰，自我疗伤，自我愈合。

我们也不是圣人，在人生的修行的路上也会感到疲惫，感到痛苦不堪，甚至会有无数次自暴自弃的念头。但是我们要知道，埋怨只会让事情越来越糟糕，争辩只会把事实越抹越黑，偏执只会使对的人离你越来越远。

我们唯一能做的，就是争取还能改变的，不能更改的，就接受，无法理解的也不强求。

其实我们最大的敌人，恰恰是我们自己。

如果你的心态足够阳光，即便在漆黑的夜里，也能为自己点一束光，照亮前行的路。

如果你的心态太过悲观，哪怕晴空万里，也会被你看作是乌云密布，遮住你前行的脚步。

那时你会发现，原来人生根本就没有过不去的坎儿。

因为许多时候，并不是那些拦路石挡住了我们变好的路，也不是那些抛弃、背叛我们的人冷却了我们求好的心。因为我们最终都要学会跟自己和解。

面对困难，我们要想办法解决。如果无法直面冲突，可以绕道而行，实在无能为力，学会放手也是一种智慧。

面对刁难，我们要反省自己的不足、缺点和不妥之处。如果你问心无愧，又何必在乎所有人的眼光呢。

面对分离，我们总要知道，该走的不会留，要留的怎么也不会走。无论你如何苦熬，如何将就，如何忍耐，错的人永远也不会变成对的那个人。

人这一辈子，什么味道都要尝；有悲欢离合，什么经历都会有；有高峰低谷，什么境遇都得亲自感受。

与其抱怨命运的不公、运气的不好和境况的不如意，不如学会用一颗积极的心态，去面对世间的一切纷繁芜杂。

人生不可能永远一帆风顺，也不可能总是惊涛骇浪。无论遇到任何事，请记得洒脱点、豁达点、看开点，你的生活就会变得更加美好。

愿你明朗坦荡纵情豁达，有得有失有坚持，能哭能笑能尽欢。

愿你一生努力一生被爱，想要的都拥有，得不到的都释怀。

愿你无悔亦无惧，日日是好日，天天是晴天！

生活需要仪式感

01

一个读者最近跟我说，自己真的没时间读书，工作太忙了，孩子太皮了，琐事太多了。

于是我建议，她可以利用上下班的间隙看。但她回道：我的提包太小，随时随地，装本书很困难。

我说，那也可以买一个电子阅读器，便捷，实用，也不重。可是她又立马反驳道，万一没了电，还要去充，也很麻烦。

然后，我就停止了跟她的对话。

这让我想起，认识的一位杨伯伯。

他曾告诉我，他们那个年代看书是一件很困难的事，一来印刷量小，经典译著少；二来想看的人太多，有钱也不一定买得到。

他那时上班，一周放一天假，于是他就利用这个时间，每周去图书馆看书。当时他看到了一本德国诗人海涅的《新诗集》，感到特别震撼，觉得写的实在太好了。

但苦于买不起，于是他居然决定每周带着笔记本和钢笔，把那本书从序言，目录，到正文，甚至标点符号，都一字不落，工工整整地誊抄了下来，总共二十多万字。

我们现在不需要这样“笨拙”地去读书，但是我们很多人，却早就丢失掉了那份对学习的热情和求知若渴的精神。

你总是在找借口，抱怨读书苦，读书难，读书有各种不方便，其实那些嫌读书太麻烦的人，他们不过是败给了自己的懈怠和懒惰。

02

去年我搬家后，老房子租给了一对打工的外地夫妻。起先我还在担心，估计租房合同到期的时候，房子至少要变旧两成。

但有一次，这对夫妻的钥匙忘带了，于是找我帮他们换锁。

开锁进屋以后我发现，厨房既干净又整洁，炉具周围，都擦得一尘不染。冰箱里，有序地摆放着新鲜的蔬菜水果，他们还特意放了几个柠檬，用以除异味。

厕所里干净整洁，白色的地砖上，几乎看不见一根头发，就连垃圾桶，他们都会用热水消毒清洗。

后来我了解到，这对夫妻，在一个家具厂上班，每天早出晚归，下班都晚上八点多了，可是他们不管再累，回来以后都会亲自下厨做饭，也会及时清理打扫房间卫生。

我当时很感谢他们。

可是他们却说，虽然房子是租的，但是生活是自己的，无论在哪儿都要像在自己家里一样，爱护这里的一砖一瓦，一草一木，同时也要好好照顾自己。

如今很多人总嫌生活是一件很麻烦的事。能省略的，能精简的，能花钱请人代劳的，就决不“多此一举”。

我们以为这是为了让自己更轻松，事实上，这是在敷衍自己的生活。

03

我认识一对结婚七年的夫妻，因为一件看似微不足道的小事吵架了。

妻子加班太晚，怕黑，路又远，于是不想骑电动车，想让丈夫开车来接她。

丈夫不同意，理由是她骑电动车既快又方便，而且以前她都是自己回来的。他来回跑一趟，不仅耗油，还浪费时间。

然后他就悠然自得，在家躺着打游戏。

妻子很生气，那一夜，居然直接回了娘家。

两个人对峙时，妻子委屈地说："结婚以前你无论再忙再累都会来接我下班。结婚以后，我也体谅你，没再让你每天接送，但现在，即使你再闲也根本不会去接我了。"

而丈夫辩解道："你都多大的人了，你以为我们还在谈恋爱啊，都老夫老妻了，还这么矫情。"

在感情中，越来越多的人开始怕麻烦，他们以为，那不过是几里路而已，你把是否去接送，看作是数学课本里计算效率的公式题。但你并不知道，爱人是拿来在乎、心疼和关心的。

有时候，你为对方做一些看似毫无必要没有用处劳神费力的事，不是为了去争对错，论高下，算盈亏，而是它代表着你的心意、诚意和爱意。更是婚姻里不可或缺的仪式感。

04

这是一个，凡事都讲求方便的时代。

但如果你想要拥有一个热气腾腾的人生，有些过程就不能省，有些时间还得花，有些麻烦不能怕。

比如在学习中，你不能给懒惰找各种理由。所谓时间太少、精力不足、条件不够，不过是你不想去做的理由罢了，但凡你下决心，就一定有办法。

比如在生活中，你要有点耐烦心和向上心。无论在哪儿，要尽量把每一天都安排得妥帖得当，好好吃饭、好好睡觉、好好过日子。

比如在感情中，你不能太自私、太功利、太计较。要你送的人，不是真的找不到路，而是想要得到你的陪伴。需要你问候的人，缺得不是那条短信，而是你的在乎。

其实好的人生都很麻烦。你无法轻轻松松地就学到想要的知识，也无法毫不付出地过上你渴望的生活，更无法一劳永逸地获得长久亲密的感情。

大多数时候，你下的功夫越深，战胜的困难越多，越为别人着想，才越有可能得到你希望的成绩，拥有美好的生活，活成你自己喜欢的样子。

越是美好的生活，越不怕麻烦。

人为什么需要梦想，这是我见过最好的答案

01

记得汪峰曾在某综艺节目担任音乐导师时，总是会问选手：“你有梦想吗，你的梦想是什么？”

当时很多网友表示不解，甚至以此嘲笑他，但看到那么多的人，想了半天，也无法坚定地说出自己的梦想时，我才知道梦想对于我们的重要。

不知你是否发现，小时候，我们还可以大胆地去设想自己将来想要成为怎样的人，做成怎样的事，见怎样的风景。

那时，想要当宇航员、科学家、画家。那时，去太空旅行，去周游世界，去攀登珠峰，在我们眼里，这虽然遥不可及，但也并非绝无可能。

但长大后，更多的人越来越不敢梦，越来越不敢想，也越来越不敢去追随它。

此时，他们心中的梦想，可能就是房子再大点，车子再好点，工资再高点。而更多的可能和更好的机会，都被我们拒之门外，不予理睬，也不敢靠近。

诗人北岛曾写过一句话："那时我们有梦，关于文学，关于爱情，关于穿越世界的旅行，如今我们深夜饮酒，杯子碰到一起，都是梦碎的声音。"

在我看来，人无论在何时何地，何种阶段，何种年龄，都需要梦想，就跟人需要呼吸、吃饭、睡觉一样，它是必不可少的。

02

前些日子，一个异地的编辑找我约稿，刚好她到成都出差，于是我们就见了一面。

当时我感到不解，因为她两年前就从现在的图书公司辞职，去了一家互联网公司，而且据说，后一家的薪资待遇，发展前景都很不错，现在却又回到了原公司。

于是在闲聊时，我八卦了一下缘由。

她告诉我，之前她选择离开，是因为看中了那份工作，能挣更多的钱。可是后来，她发现自己拥有了越来越好的物质条件，却过得很不快乐。还时常懊悔，自己白白浪费了好几年的光阴，去做了原本不喜欢的事。

于是她选择回来，因为她从小就希望自己能从事文艺类的工作，她内心深处，也喜欢跟文字打交道。

如今的她，虽然收入大不如前，辛苦程度也有增不减，但当她再次跟文字亲密接触，做起这份看似呆板、枯燥的工作时，内心又重新找到了曾经那种无比愉悦的满足感。

临走时，她一再提醒我，人一定要清楚自己要什么，并且遵从内心的渴望，不要被虚浮的名利给困住了追梦的脚步。

因为当你解决了基本温饱问题后，只有去做真正想要做的事，才能让你感到更多更踏实的快乐和心安。

03

我一直觉得自己的人生，是从三年前才真正开始的。

因为自从我听从了内心的召唤，重拾了梦想，并为此而努力时，我感到有一股神奇的力量，正在引领、推动、鼓励着我不断往前行。

为了写作，我放弃了诸多无用的社交娱乐和浪费时间的事，在闲暇时间，出了两本书，做了上百篇读书笔记，写下了一百多万字的文章。

为了写作，我开始早睡早起，饮食规律，坚持运动。因为有位作家说过，写作其实是个体力活，想要一辈子写下去，就必须要有一个好的身体。

为了写作，我开始学着掌控自己的情绪，调整自己的心态，尽量做到平和、淡定、泰然地面对任何意外和伤害。

因为我知道，只有靠长期持之以恒，按着自己的节奏去耕耘播种，才可能写出真正让自己和读者都满意的作品。

当然在这期间，我并非时时刻刻都做到了如此自律。

但梦想就像一个航标，它总会提醒你，如何去修正方向，调整状态，重新振作，才能离它更近一点，再近一点。

也许梦想的最大意义，并不在于你最终是否去实现了它，而是它赐予你信心，带给你希望，给予你力量，在这个过程中，你就已经打磨沉淀出了更好的自己。

04

这个世界上，其实只有两种人。一种人拥有梦想并为此而努力。另一种人没有梦想，也不去重视它。

人因有梦而不同，因追梦而不凡。梦想是人与人之间，最大的差距和区别。

也许有的人，靠努力实现了它，有的人因懒惰放弃了它。还有的人，终其一生，都在追寻的路上，不曾得到也不曾放弃。

但重要的从来不是最终的结局，而是你是否为此有过切实的行动，不悔的付出，以及不懈的坚持。

许多人总认为，梦想和现实之间存在着冲突。正如电影《星空日记》里所说：不是现实支撑了你的梦想，而是你的梦想支撑了现实。

因为有梦，即便无法实现，你的生活也会因此变得与众不同；因为有梦，即便最后失败，你的人生也终将熠熠生辉，光芒万丈；因为有梦，人才更像人，才不虚此行，才不负此生。

我们之所以如此需要梦想，是因为它赋予我们人生的价值，它让我们找到奋斗的意义，它让我们心甘情愿为值得的人和事，去付出全部的努力和爱。

愿梦想与现实殊途同归，你我终将如愿以偿！

我不愿平平淡淡将就

01

我大学刚毕业时跟室友娜娜一起出去租房，因为公司离市中心很近，为了方便上下班，也为了尽可能省钱，我们就在附近找了个老旧不堪的房子，并且还是只有 6 平方米的样板间。

我搬进去后就抱着暂时委屈一下自己的想法，可娜娜却不是，她搬进来的第一个周末，为了布置寝室，居然连续转了五趟公交车，跑到建材市场买二手沙发和粉红色的窗帘。

并且还在小卖部买了壁纸、相框、小花瓶等装饰品，她花了整整一下午的时间，把自己的小家打扮得漂漂亮亮，既温馨又浪漫。

当时我还取笑她瞎折腾。因为我们只是在这里生活几个月，说不定哪天就被房东命令卷铺盖走人。可她却说："房子是人家的，但生活是我的。过一天，就要有一天的样子啊。"

每天早上，我还在呼呼大睡。她就早早起床，在厨房里为自己精心准备早餐，有时是煎两个黄嫩嫩的鸡蛋，有时是熬皮蛋瘦肉粥，或者给自己煮碗热气腾腾的油泼面。

每次我都让她多睡会儿，在外面随便买份吃多省事儿啊，她却说，早餐是一天的开始，生活再狼狈，也不能亏待了自己。

通常中午我会跟其他同事出去随便吃点小吃或者点外卖，但娜娜每晚都会提前做好午餐，并且带到公司。

令人惊讶的是，每餐都是两菜一汤几乎不重样儿，比如青椒回锅肉，炝炒小白菜，番茄牛腩汤，这些是她的午餐标配。

娜娜是那种即便身处在泥沼地里，也依旧可以把生活过出别样风情和滋味的人。

她常常说，即便物质条件差，也不能放弃那颗求好的心。你的生活过得好不好，很大程度上取决于你如何对待它。

如果你以将就凑合的心态敷衍生活，那它回馈给你的也是勉勉强强的日子。

但如果你以乐观积极的态度重视生活，它回赠你的就是鲜花着锦，烈火烹油的美妙时光。

02

我曾经有个同事大妮，她家境不错，而且即便在家当啃老族，父母也养得起。

她求职的条件是，一定要轻松悠闲压力小，周末双休不加班，当然工资高低也无所谓。

刚开始，她每天到公司上班，凡事都抱着过得去就行的态度，对工作毫无标准和要求。

虽然每天的工作都很轻松，但她总感觉生活少了一份奔头，甚至感到特别迷茫和焦虑，不知道自己的未来在哪里。

后来她决定重新审视自己的工作态度，也再次重整了奋斗的信心。

为了挑战自己，她主动申请从不痛不痒的文员工作，调到公司最辛苦但进步最快的销售部门。

每天上班她都全情投入，将所有的精力和时间都放在工作中，几乎没有任何空闲去浏览娱乐网页、刷微博聊八卦。

两年后，她凭着这份对工作的热情和努力，业绩日渐起色，当然薪水也随之提升，甚至她一路闯到了公司年度销售冠军的位置。

她说全力以赴去工作，不仅是为了物质上的满足，也让自己在此过程中找到了存在感和价值感，如今的她，对于自己要成为怎样的人，要走怎样的路，也越来越清晰明确。

现在很多人对工作抱着一份凑合的心态，对工作没有责任心，每天上班就是毫无目的地混日子。

他们认为工作只是为了糊口，甚至有的完全为了找个事做消磨时间。可你有没有发现，这些整天不好好努力的人，不仅渐渐失去了职场竞争力，同时也越来越感到焦躁，虽然他们待在舒适区，但内心却是很煎熬的。

其实每个人的一生至少有三分之一的时间在工作，而一个人的成就感，包括对自我的肯定，对人生理想的规划几乎都是从工作中来的。

如果一个人抱着凑合的心态对待工作，凡事都蒙混过关，只求及格不求最好，只求完成不求完美，那他们只能一辈子干着不喜欢的工作，做着不喜欢的事，然后浑浑噩噩地过一生。

03

昨天我去参加了朋友思敏的婚礼，思敏今年已经是三十二岁的大龄女青年，如今终于嫁给了爱情。

很多人很羡慕她，毕竟在对的时间遇到对的人很不易。可思敏说："要在对的时间，拒绝不对的人，那才是真心不容易。"

她说这句话时，把我逗笑了。但事实也确实如此，很多女孩在三十岁以前就匆匆忙忙地把自己嫁出去，但结婚以后才发现，原来跟一个凑合的人在一起是多么痛苦的事。

我表妹在二十五岁时被亲戚介绍去相亲，她其实对相亲对象并不满意。

可她听人家说，女孩子越老越不容易嫁出去，如果年纪太大还单身，还会被人家说三道四。父母催的急，自己也慌，和介绍的对象还没熟悉，双方父母就见面了，于是就匆忙结了婚。

可她才刚结婚不到两年，就对我诉苦说，跟不爱的人在一起，日子真的如一潭死水。

其实在生活里，大多数女孩都选择了对不坚定的自己妥协，对不真诚的内心妥协，对流言蜚语妥协。

等到她们真正踏入了婚姻的殿堂，才发现原来比单身更可怕的是嫁给了一个不爱的人。

为了让你早早地结婚，我们总是会听到长辈们如此的劝导你：跟谁过都是过日子，而且即便再爱的人也会有矛盾和冲突。再说实在一点儿，晚上灯一关，你睁一只眼闭一只眼，结果不也是一样的吗？

可当你婚后再来领悟这番话时，才发现这句话其实毫无道理。

也许跟谁都是过日子，可是跟喜欢的人在一起，无论做什么事，遇到什么困难，即便跟他粗茶淡饭，布衣荆裙，你也是乐意的，而这样美妙的心情，你用再多凑合的感情也换不来。

微博上有人说，你可以勉强穿件不喜欢的衣服，也可以勉强交个你不喜欢的朋友，可感情是一辈子的事，得需要自己舒服才可以。

04

我们每个人虽然有选择人生的权利，但很少有人活成了自己喜欢的样子。

我们对身边的一切人、事、物，都抱着将就的态度，自然会过得很不开心，甚至做任何事都感到无趣。

其实如果我们可以从这三方面去改变，就会找到属于你人生的价值和意义。

对生活不凑合

无论我们的生活多么繁忙紧张，还是物质条件有多么不宽裕，请记得一定好好吃饭，好好睡觉，庄重的对待每一天。不要随随便便的敷衍亏待了自己。

无论我们面对怎样的现实困境和难关，也要让身体保持健康，心态保持平和，情绪保持舒畅，就如小说《欢乐颂》里写道：生活虽然一地鸡毛，但仍要欢歌高进。

对工作不凑合

在职场上，你完成工作任务，其实不是为了老板，也不是为了公司，而是为了你自己在打拼。

你只有很努力地工作，才能提升自己的能力，才有升职加薪的机会，即便跳槽也有底气和实力。

但你若对工作抱着不负责、不认真、不在乎的心态，那它反馈给你的就是饿不死也胀不死的工资和不被看好的职位。

对感情不凑合

《何以笙箫默》中有句台词："如果世界上曾经有那个人出现过，其他人都会变成将就。他说，我不愿意将就。"

如果你对感情凑合，那未来的一生，你将面对心如死灰般的婚姻，那将成为你终生的遗憾。

愿我们能过上最热爱、最渴望、最无悔的生活，而不是将最独一无二的人生输在了凑合二字上。

第四章

爱情是两个人的狂欢，孤独是一个人的盛宴

孤独感是与生俱来的，不会因为你是一个人，所以必定孤独，或因为有人相伴，所以圆满。

真正的女性自由

01

昨天我跟姨妈一起去逛街，在我试衣服时，听到有位女顾客跟姨妈闲聊，那个女顾客顺便问了一句：“你今年多少岁？”姨妈回道：“四十出头的人啦。”

当时那位女顾客特别惊讶地说：“但你的皮肤保养得如此光滑水嫩，身材依旧凹凸有致，而且形态也得体优雅。简直让人误以为岁月不是把杀猪刀，而是一把美工刀。”

其实我姨妈一直是大家公认的无龄感美女，虽然她不是天生的美人胚子，但她从不放弃对美的追求。

我姨妈二十多岁时，跟许多女孩子一样都特别注重外在美，那时她淡妆轻描，素着装，把青春年纪里的自然和纯真展现得淋漓尽致。

等到三十多岁时，很多跟她同龄的女性，就开始邋里邋遢过日子了，她们觉得反正自己已经结婚生子，再怎么打扮也不能跟二十多岁的小姑娘媲美了。

那时我姨妈脸上也流失了不少胶原蛋白，皮肤也开始初生皱纹，但她依旧坚持运动做瑜伽，让自己呈现出了一种活力的气质。

等到四十多岁时，她身边的女性朋友就彻底地沦为了蓬头垢面、不修边幅的“老大妈”。

而此时的姨妈即便是到对门超市买袋盐，也要保持妆容精致，服装合身，出门前还特意把拖鞋换成三厘米高的坡跟鞋。

很多人都说我姨妈是吃不胖的体质所以才身材那么好，特别特别闲所以有时间和精力倒腾自己。其实岁月从未饶过任何人，不过它对努力坚持且自律的人总会手下留情。

刘晓庆曾说：“中国女人放弃自己太早了。年过二十五不再谈青春，年过三十不再谈年轻，年过四十不再谈姿色。”

很多女人总是认为，女人过了二十多岁就美貌尽失。其实，每个年纪的女性都有她们独一无二的美。

真正的美人经得起时间的推敲依旧风韵犹存，而爱美是一种积极乐观的生活态度。一个女人老了的标志，绝非年龄的增长，而是她不再爱美了。

02

我家小区里有个刘姐，她年轻时是职场的精英，对事业一丝不苟，工作起来也勤奋努力，可以说巾帼不让须眉，在当时很多优秀男士都以她为榜样。

可等她到了三十五岁左右时就开始有所懈怠。那时正值行业不景气，公司的工作压力和强度非常大，销售任务也越来越重。

然而在这个节骨眼儿上，刘姐没有跟其他女同事一样，继续学习新知识，精进业务。而是选择辞职回家做全职太太。

当时很多人都劝她：业务能力那么强，要继续干下去呀。

可刘姐当时想：我都人老珠黄了，上进心和拼劲儿肯定不能跟年轻人相比，反正到了这个年龄，一辈子也没什么奔头了，干脆就辞了吧。

如今的刘姐，没有了挣钱的能力，每天在家提心吊胆地过日子，生怕老公哪次吵完架要跟她离婚，整天费劲唇舌问老公要零花钱用，生活过得既卑微又无奈。

03

很多人有个错误的观念，觉得上了年纪的女人就没有了拼事业的资本，就错过了最佳的奋斗时光，甚至对自己的停滞不前感到麻木。

也许女人年龄大了，身体素质不比以前好，反应速度也变慢了些，可年龄从来不是你放弃努力，贪图安逸的借口。

男人的幸运在于，他不论在少年时还是成年后，都懂得靠自己的努力过上想要的生活。

而女人的不幸在于，她把青春当作自己唯一的资本，一旦上了年纪就不要求自己奋发向上，任由自己破罐子破摔。

在职场上，也许年轻女性拥有很多优势，但年龄从来不会阻碍一个女人变优秀、变独立、变强大，你依旧可以靠自己的努力拥有选择生活方式的权利。

前几天我去参加了高中同学聚会，当我见到曾经的班主任刘老师时，简直佩服不已。因为已经五十二岁的她，不仅越活心态越年轻，还依旧在不断学习和进步。

她跟许多五十岁左右就只能在家看电视、打麻将、买打折鸡蛋的家庭妇女相比有着天壤之别，因为无论从言谈举止上，还是在思维格局上，她都让自己越来越有层次，也越活越丰富。

刘老师如今到了马上退休的年纪，眼睛不太好使，记性也大不如以前，但为了保持心灵的充实，她依旧坚持每天晚上睡前看半小时的书。

平时她会利用空暇时间，参加各类公益演讲和提升培训。她说，跟着一群很牛的人学习，不仅会增长自己的见识，也提高了自己的认知能力。

周末时，她也会带着孩子去作坊学习烹饪，插花，做手工艺品。她总是抱着一颗初学者的心态，一切从零开始，以求不断地更新自己。

如今的刘老师，虽然额头已有了几丝白发，甚至脸上还过早地出现了老年斑，可她身上流露出的是一种智慧的通透之美。

其实作为一个女人，无论你在什么样的年纪都不要忘了全方位的提升自己。无论是妙龄少女还是中年妇女，无论你是有了雄厚的家底还是有多金的老公，都要不断地让自己增值，让自己提升内在。

人一定要活到老，学到老。只要你不放弃对自我的修持，就会遇见更好的自己。

就如董卿曾说："女人外表的美都是短暂的，唯有用知识和涵养修饰自己才能美丽一生，我始终相信读过的书，走过的路，总会在未来某一天发挥作用，使我变得更出色。"

04

很多女人认为自己上了年纪就没有了继续提升的必要，于是抱着"我反正就这样了"的心态，然后拒绝成长和进步。

其实女人对自我的提升，从来不受年龄的束缚，因为求好向上是所有人一生都需要做的功课。

从现实角度来看，年纪确实是女人生命中的一道坎儿。它影响到女人的青春的外貌、求职的机会、变好的能力，让许多女人心生畏惧。

但年龄从来不是划分女人美丑的标准，不是决定女人一生好坏的绝对因素，更不是让女人从优雅沦为庸俗的分界线。

第一、不要让美貌输给年龄

其实每个年龄阶段都有它们各自的美好，二十岁时你拥有青春活力，三十岁时你拥有成熟稳重，四十岁时你拥有端庄秀丽，即便到了五十岁以上的年纪，你亦可活得从容娴静。

蔡澜曾说，好的女人不会老，只会越来越优雅。能跟时光把手言欢，实在不易。

第二、不要让事业败给年龄

太多的女人对年纪过早的投降，她们觉得只有年轻时才拥有拼事业的权利，人老珠黄的时候就毫无竞争力了。

其实无论你到任何年龄阶段，都要告诉自己，你努力工作不是为了别人，而是为了让自己保持经济独立，也是给自己留一份进可攻、退可守的底气。

第三、不要让自我提升止于年龄

女人二十五岁前也许凭借美貌可以赢得宠爱和掌声，可过了二十五岁以后，你唯有通过自我提升才能找到独属于自己的魅力和优势。

居里夫人曾说，17 岁时你不漂亮，可以怪罪于母亲没有遗传好的容貌，但是 30 岁了依旧不漂亮，就只能责怪自己，因为在那么漫长的日子里，你没有往生命里注入新的东西。

其实更多时候，不是年龄困住了女人，而是女人自己提前放弃了自己。

和时光把手言欢的女人，都懂得和时光共处。

你对待家庭的态度，决定了你人生的修行

01

昨天我去表姐家给小侄儿庆生。去了以后，表姐的婆婆热情地招呼我，这让我感觉有些“坐立难安”。

因为表姐的婆婆是出了名的怪脾气、爱计较的人，可这几年，表姐跟婆婆相处得越来越友好，拌嘴、红脸的次数也越来越少了。

我侄儿出生以后，表姐就一直坚持用母乳喂养。为了保证母乳的营养价值，表姐在那段时间不顾体型，吃了很多补品，然后将多余的奶水保存好放在冰箱冷冻，一直坚持了半年。

直到表姐哺乳期结束开始上班，婆婆就把之前冻在冰箱里的母乳温热给小侄儿吃。可小侄儿刚吃了第一口就吐了。

当时婆婆很生气，还打电话去埋怨表姐。直到表姐下班回来，才发现问题出自婆婆。

原来婆婆平时很爱吃烟熏腊肉，于是买了很多冻在冰箱里，

但她忘了冰箱里放着母乳，结果放在冰箱里的东西就串味了，表姐辛苦攒了半年的母乳也全部浪费了。

当时她婆婆心想自己一定会被媳妇臭骂一顿。因为如果换作是她，估计早就把房顶都掀了，谁知道我表姐当时一点怪婆婆的意思都没有。

表姐说："婆婆也不是故意的，再说了，她其实也很愧疚。既然事情都已经发生了，就没必要再撕破脸，让大家心里都难受。"

自古婆媳关系在每个家庭中，总是老大难的问题。有这么一种说法：一个家庭是否幸福 80% 取决于女人。

通常，如果一个家里有两个女人，关系若是处不好，那日子就会鸡飞狗跳，不得安宁。

很多时候，家庭的矛盾和问题，其实都源于一些鸡毛蒜皮的小事。这个时候，只要有一方肯抱着宽容的心态去处理，懂得原谅对方的无心之过，不咄咄逼人。那家庭氛围就会从紧张变轻松，一家人也更能其乐融融地过生活。

02

我有个朋友叫妮子，性格比较急躁，遇事容易急躁。大家都说谁要是娶了她，日子一定过得乌烟瘴气。

但她老公并没有过分指责她急躁的缺点，反而是用一种春风化雨般的方式不断地帮她改正。

有一次两人乘地铁去医院看望生病的舅舅，因为当天地铁里人很多，又要排很长的队过安检。于是妮子就决定让老公把包给她，然后让老公走“无包通道”，先一步赶到医院。

妮子过安检的时候放了两个包进去，出来时因为着急，就把老公的包给忘在了安检处。而那包里有舅舅以往的病历，非常重要，本准备今天拿去给医生看的。

直到妮子气喘吁吁地赶到医院，才想起包忘了拿。妮子当时真的特别着急和愧疚，然后立马跟老公回去找。

在路上，妮子忐忑不安，本以为老公会对她很失望，要责怪她一番，可老公却安慰她不要紧张。幸好，他们最后找到了那个包。

当时妮子的老公心平气和地嘱咐她，遇事一定要冷静，同时也让她谨记教训，而且言语里没有高高在上的教导和盛气凌人的责备。

平日里，妮子总是大错不犯，小错不断。可每一次她老公总是对她包容和理解。后来，妮子也改变了不少，做事也沉稳了许多，不再像以前那么毛躁，夫妻之间的感情也越来越好。

妮子的老公总说，家人之间要讲爱多一点，讲理少一点。谁又没有犯迷糊的时候呢？我们对外人尚且要学会宽容，对家人、爱人更应该如此啊。

《菜根谭》里曾言：“家人有过，不宜暴怒，不宜轻弃。如春风解冻，如和气消冰，才是家庭的典范。”

很多时候，当我们的爱人犯一点错时，我们更多的是火冒三丈，是咬牙切齿，是言语伤害。

可当你懂得去包容，懂得去谅解，而不是一味地生气，那夫妻之间的关系就会越来越牢固，不会因微不足道的小事而影响彼此的感情。

03

我的邻居玲姐，她的公公虽然年纪有些大了，但因为在单位当了多年的领导，退休后，他还总是还带着那几十年的官架子，脾气性子依旧未改。

比如有一次玲姐做好饭请公公吃，他不仅不体谅媳妇的辛苦，还挑三拣四，然后每道菜都要点评做得不好的地方，那样子像极了一个老师正在训斥不听话的学生，一点不给玲姐留面子。

如果换做是其他人，估计早就生气了，然后甩一句：“你爱吃不吃。”但玲姐却安安静静地听公公说完，然后淡定地回了一句：“知道了。”

还有一次，玲姐想利用空闲时间学学毛笔字，培养个兴趣爱好。于是就在家里买了字帖和笔准备临摹，她公公知道后，又是一顿言语打击，说练毛笔字要从小就开始，如今太晚了，也弄不出什么名堂。

但玲姐听了以后，也不反驳，依旧自得其乐，只管自己写自己的，不会跟公公正面较劲儿。

当别人问她，怎么能忍公公的个性和脾气?

她说:“公公在家里居高临下的态度,有时确实让人很不舒服。可他毕竟是老人，他的想法是大半辈子形成的，我不可能再去改变他的思维，唯有去接受，去理解，没必要耿耿于怀。只要知道公公其实并没有恶意，也并不是有意针对她就行。”

有时候长辈说的话有些严重了，做的事有些生硬了，下的结论有些武断了，但作为晚辈的我们，是否应该对老人多一份宽容呢?

如今很多人，都处理不好长辈和晚辈之间的关系，因为他们存在着一些观念上和沟通方式上的差异。

其实上了年纪的人，也有时候做事欠考虑，处事不周到，或者没有顾及到别人感受。如果你能以包容的心态去看待，长辈才能在家安度晚年，家才会和气、平顺地过下去。

04

家是一个人的避风港。可现在有越来越多的人处理不好与家人之间的关系，要么是婆媳大战，要么是夫妻反目，或者晚辈和长辈观念不合导致的家庭纷争。

一旦家庭成员之间有了小疙瘩、小问题、小矛盾，互相不懂得忍让，问题越积越多，无法释怀，最终就会导致因小失大。

其实在一个家中，只要遵循大事要讲原则、讲底线，小事不要去太计较，这样一个家就会越来越和谐。

我听过这样一个故事：闵子骞幼年时亲生母亲便离开人世，于是父亲又娶了妻子，然后，后母生了两个儿子。

有一年的冬天，闵子骞的父亲见天气严寒，就让妻子再为孩子们准备几件棉袄。

隔天，后母便开始缝制棉袄。由于私心的驱使，她给自己亲生儿子的棉袄里塞进了厚厚的棉花，而给闵子骞穿的，里头竟然是芦絮。

几天后，闵子骞的父亲发现了这个问题，于是非常生气，准备赶走妻子。

这时，闵子骞走到父亲面前跪下，向父亲苦苦哀求："爹，请您不要把娘赶走，娘在家，只有我一个人穿不暖罢了，可是一旦娘离开这个家，我和两个弟弟都失去了娘的照顾，都要受饥寒啊！"

这之后，后母痛改前非，对待三个孩子都一视同仁，从此一家人过上了平淡且安稳的日子。

我们都听说过家和万事兴，如果一个家庭里的戾气和怨气少一些，幸福和快乐才会多一些。

我想一个家庭是否和睦，并不是取决于每个人是否完美，而在于是否有人懂得包容。

好的婚姻，都需要仪式感

许多时候，婚姻的不幸多半与冷漠、抱怨和厌恶有关，而婚姻的美满，往往与赞美、欣赏和支持有密切的联系。

认识一对夫妻，两个人结婚十二年，一起共患难，可最终却因为丈夫出轨而导致婚姻关系彻底结束。

妻子原本以为丈夫出轨是因为他花心，嫌弃她年老色衰，青春不再。但有一次，她在与熟人的聊天中才了解到，那个第三者并不是什么美貌如花的姑娘，而是跟她差不多年纪的中年妇女，甚至各方条件也不如她。

当时她简直无法接受，苦思冥想也不知道自己到底输在哪儿了。

后来是丈夫的朋友向她道出实情，原来是因为丈夫觉得和她在一起生活实在是太压抑了。

说起来也是，无论他如何为了这个家劳碌奔命，她也丝毫看不到他的半点辛苦，还总是骂他不争气，挣不了大钱，当不了大官。

在日常生活中，她也总是看他不顺眼，各种抱怨不满意，仿佛在她眼里他一无是处。

可是在情人的眼里，他反而被夸成了最好的男人，比如夸他会交朋友，性格好，气量大……

虽然是男人犯错在先，可是反过来想，许多女人并不是输给了第三者，而是输给了自己的毒舌。

无论那些伤人的话，是有鞭策的苦衷，还是只想要反击对方，或者是并不带恶意的口头语，他们最终只会离间，永远不会增进感情。

世界著名推销员杜培雷曾经说过，自己的成功，要多亏妻子。

他在回答记者提问时说："桃乐丝不断地赞美我的美好气质，并且指出我具有适于推销工作的天赋才华，甚至一些我自己都不知道我有的才华，如果不是她持续不停地鼓励，我可能已经放弃了。"

于大多数男人而言，他们每天扛着重压，受着委屈，干着苦力，如此努力的付出，最大的动力就是伴侣的鼓励和支持。

而且结婚的意义，就是为了两个人在一起把日子过好，而不是为了去找一个女人，时时刻刻来挑自己的毛病，训斥自己的不是，纠正自己的缺点。

前几年，我们小区，有个家境优渥的姑娘，执意嫁给了一个"潜力股"，说直白点就是个一穷二白的小伙子。

当时家里人再三反对，甚至她父母扬言要和她断绝关系，可都无济于事。姑娘很坚持的和那个小伙子结了婚。

几年后，所有人都看到了姑娘脸上洋溢的笑容，也感受到了她的幸福和快乐。

姑娘说："我不是一个完美的人，比如我不会收拾家务，脾气不太好，身材又发福了。但我的丈夫都会包容，理解，甚至鼓励我，这让我觉得，生活在朝着好的方向发展，我也愿意为了配得上他的赞美，而成为一个更好的人。"

这让我想起，有一个中年妇女，当初嫁给了一个有钱有势的男人。可是婚后，她过得极其不幸福，最后，居然在结婚十五年后，主动提出了离婚。

当别人问她，是丈夫平时对她不好，还是生活费给的不够，又或者是实施了家庭暴力？

她说，都不是。最大的问题在于，她觉得自己为他付出了一切，生儿育女，操持家务，孝顺公婆……她不过是想要丈夫的一句肯定，可是丈夫不仅视若无睹，反而对她各种指责和否定。

时间久了，彻底让她寒了心。

我还看过这样一则故事：非洲的一个部落酋长有三个女儿，前两个女儿既聪明又漂亮，都是被人用九头牛作为最高的聘礼娶走了。而小女儿，一直嫁不出去，原因是她非常丑，还很懒惰。

后来一个远方来的游客，也用了九头牛，娶走了他的小女儿。

过了几年，酋长去看自己远嫁他乡的小女儿。没想到，女儿变成了一个气质超凡的漂亮女人，而且能亲自下厨做美味佳肴来款待他。

酋长很震惊，偷偷地问女婿："你是如何做到的？"女婿说："我只是始终坚信你的女儿值九头牛，还经常夸奖她，所以她就一直按照九头牛的标准来做了，就这么简单。"

其实对婚姻里的女人而言，她们并不怕吃苦、劳累和付出，而是怕丈夫不能对她们的付出予以认可和肯定。

知性的女人，不是比出来的，而是被宠出来，爱出来，夸出来的。

有人说，女人婚前和婚后，最大的区别，是她们对男人的要求越来越多，而对他们的赞美越来越少。

其实男人也有失意和脆弱的一面，无论是遭遇事业的沉浮，还是面临生活的高峰或低谷，他们都需要一个情感上的支持和抚慰。

多说体贴的话，多用赞美的语言，不仅能让他们重新站起来，还更能感受到妻子的爱，从而越来越感激和依赖她。

众所周知，演员蔡少芬是个活脱脱的炫夫狂魔。她曾说，我是个很爱表达的小女子，要把好感情给大家看，经营一段婚姻如同对待小孩子一样，你要让他好，夸他就对了，能夸就夸。

他唱歌真的很好听，武术很厉害，跳舞很好等，反正她一开口，全是溢美之词。

甚至有人说，张晋的成名，很大程度，源于蔡少芬那简直夸大事实的绝对赞美。

在微博上，有个漫画家陈缘风，他在写到妻子时说：“她从小到大都是个学霸，也曾有过非常好的工作，但是为了我，为了我们的家毅然放弃了一切。从此柴米油盐，相夫教子，对我而言，她是一个极善良，美丽温柔，贤淑，是我拯救了好几遍银河系才有这个福分娶来的好得不得了的妻子。”

在好的婚姻里，无论是男人，还是女人，双方都离不开对方的赞美。它的力量看似微弱，却发挥着巨大的作用。

其实婚姻，本来就是一场艰难的修行。

如果想要长久和谐地相处下去，互相抱怨、指责、挑剔，只会让关系越来越糟糕。而彼此赞美和鼓励，却可以增添感情的温度。

有心理研究表明：夫妻之间相处，赞美和批评的比例要在5:1，才能更好地维系感情，说一句批评的话，就要用五句赞美的话抵消。而无数离婚的夫妻，他们之间的比例却是相反的。

对待另一半，你不妨，多感恩对方的好，多念想对方的付出，多去赞美对方的优点少怪罪对方的不是，少计较对方的过失，少挑剔对方的缺点。

赞美，是婚姻的保养品和仪式感，反之，批评，却是婚姻的隐形杀手，不定时炸弹，以及潜在危险因子。

你要记住，你对爱人的赞美里，才藏着婚姻的幸福值。

感情中，选择永远比经营更重要

01

有人曾说，婚姻是爱情的坟墓，有人却认为，没有婚姻做保障，爱情将死无葬身之地。

其实我倒认为，无论是爱情，还是婚姻，最终都是自己跟自己过。

许多痴男怨女，为情所困。他们太容易把感情看作生命的全部。可是当他们真正得到了后，又会发现，诸多不如意。

比如，当初他们想要跟一个人在一起，无论任何条件都可以接受。可在一起后才发现，经济拮据，婆媳关系紧张，生活中鸡毛蒜皮的小事，件件都让你后悔选错了人。

男人当初娶一个姑娘，如果仅仅因为喜欢她的外表的话，一旦长久相处后，发现她的公主脾气，任性刁蛮，不通情理的一面时，一定会感到心累。

于是他们互相指责，埋怨，冷战。甚至都想过，不跟对方过了，重新再做选择，可能结果就会不一样。

但真正智慧的人，会懂得：第一、无论跟谁过，首先要学会跟自己过；第二、认识到自己的缺点，也要接纳对方的不完美；第三、凡事多从自己身上找问题。

曾在一本书上看到一位大师说：无论跟谁在一起，其实都是一场自我的修行。

我们总认为，一个人过得是否幸福，要看对方是否对你好，是否珍惜你，是否心疼你。

可这样的好运气，并非人人拥有。对于大多数人而言，经营好婚姻，远比拥有好婚姻更实在。

02

之前认识一个姐姐，她对我说，结婚八年后受够了丈夫。

“若不是看孩子的份上早就离了……”她咬牙切齿地说着对方的各种不是，仿佛他就是她的克星，如今她生活的不幸，皆因这个人。

当然，不排除遇人不淑，但更多时候，是因为我们的情绪都依附在对方身上。我们想要以自己喜欢的方式去改造对方，可结果总不如意。

你想他多金，他却是个工薪阶层；你想他浪漫，他却务实到不行；你想他多陪你，他偏偏要去搬砖……

更多时候，我们希望找到一个完全理想的对象，可是即便你拥有无数次选择的权利，也不一定能找到这样十全十美的人。再优秀的人，身上也有你无法忍受的缺点。对于有些问题，两个人之间是可以完善和改进的，可有些性格，却不那么容易纠正和改正。

我们最大的问题就是，想要彻底改变一个人，可是这原本就是很难的事。

许多人，总是因为对方的优点，与其结合。可是真正能让两个人过得长久的，是要看你能否有足够的度量和胸怀，容忍对方的缺点。

通常我们比较容易高估自己的容忍度，又特别容易低估对方的缺点。所以许多痛苦，源于理想和现实之间，总是隔着遥远的距离。

03

一个四十来岁离异的男性说，以后不准备再婚了，即便重新找伴儿，也并不会如大家所认为的那样精挑细选，反复斟酌，而是只要能和和睦睦过日子就行。

刚开始我觉得，这是消极的看破红尘的表现。

因为好不容易离开了不合适的，难道不应该是去找个对的，为什么要抱着这样随意的态度?

他解释说："跟谁在一起，都难免有意见相左、三观不合、拌嘴唠嗑的时候。

后来我才知道，选择一个适合的人，比选一个优秀的人更容易细水长流地过下去。而且，大家都是成年人，生活不单单是你情我爱，耳鬓厮磨。婚姻里还夹杂了责任以及许多数不清的小烦忧。"

婚姻就像是两个人互为伙伴，然后一起升级打怪。也许可以跟你看烟花的人，不一定可以跟你过柴米油盐的生活。可以跟你闲庭信步的人，也不一定能和你同甘共苦。

如果非要固执地去找一个既喜欢，又要会过生活的，同时还能尽善尽美的人，几乎不可能。

而找到喜欢的人，是个缘分。能跟喜欢的人在一起，更是不可多得的机遇。

我们要保持一种得之我幸，不得我命的态度。

有时所谓的夫妻，就是你看我不顺眼，我看你不顺眼，但是两个不顺眼的人，还能一起过，这也是一种特别的缘分。

04

也许对于爱情来讲，分手不过是跌打扭伤，很快就能复原。但一旦踏入婚姻，离婚就是伤筋动骨的大事。

当你摆正心态，不去刻意强求，反而能顺着沟沟坎坎努力过下去。无论跟谁在一起，矛盾是在所难免的，遇到问题不逃避，才是应该有的态度。

一个自身具备强大能力的人，婚姻顺遂，自然是锦上添花，婚姻不幸，最多也就是伤及皮毛。

企图靠婚姻去改变命运，追求幸福，寻找归宿的人，往往会过得很疲惫。

我们和另一半，通常是一起面对风雨，而不是互相掀起风雨，不是给对方带来风雨，懂了这一点，自然就不会过得那么累。

不要把对你好的人，弄丢了

01

人生中，有一种遗憾特别让人痛心，那就是我们轻易忽略了真正对我们好的人，而当你想要去弥补时，却再也没了机会。

作家贾平凹，描写过一段关于母亲的文字：“母亲还在时，我住在城里，她住在乡下。母亲每一次都高高兴兴来，每一次都生了气回去。

回去了，我并未思念过她，甚至一年一年的夜里不曾梦着过她。母亲对我的好是我不觉得了母亲对我的好。”

直到母亲去世后，他又写道：“我妈在牵挂着我，她并不以为她已经死了，我更是觉得我妈还在，尤其我一个人静静地待在家里，这种感觉就十分强烈。

我常在写作时，突然能听到我妈在叫我，叫得很真切，一听到叫声我便习惯地朝右边扭过头去。

从前我妈坐在右边那个房间的床头上，我一伏案写作，她就不再走动，也不出声，却要一眼一眼看着我，看的时间久了，她要叫我一声，然后说：世上的字你能写完吗，出去转转么。

现在，每听到我妈叫我，我就放下笔走进那个房间，心想我妈从棣花来西安了？

当然是房间里什么也没有，却要立上半天，自言自语我妈是来了又出门去街上给我买我爱吃的青辣子和萝卜了。

或许，她在逗我，故意藏到挂在墙上的她那张照片里，我便给照片前的香炉里上香，要说上一句：我不累。”

我们每个人的父母，都扮演着这样的角色，你可以任性地对他们发脾气，你可以不在乎他们的感受，你甚至可以做很多糟心事让他们难过。

因为你知道，无论你怎么折腾，他们永远也不会抛弃你。可是你也并不知道，明天和意外哪一个先来，父母上了年纪，终有一天会离开你。

那时，当你想要再好好孝敬他们时，已经彻底晚了。

02

人与人之间，相识一场不容易，相知更是难上加难。

但我们却因为一些鸡毛蒜皮无关轻重的小事，轻易打翻了友谊的小船。

看过这样一个故事：有一次，唐太宗生病，想搬到一个旧阁子里住，打算将旧阁子装修一下。然而，外面都在议论，说皇上要用十车铜建造一个望陵台。

唐太宗下令追查，发现竟然是魏征造的谣。他与魏征当场对质，魏征辩解说："这种夸张只是为了诤谏的需要，危言耸听也是为了大唐的江山啊！"

当时唐太宗非常生气，想要杀了这个既是臣子又是挚友的魏征，直到后来魏征死后，他才真正意识到，魏征对他的良苦用心。

之前看电视剧《甄嬛传》有这样一幕：

当初在选秀的宫门外时，安陵容不小心打翻了茶水，甄嬛不仅帮她解了围，还特别把自己的珍珠耳坠送给她戴，给她簪上秋海棠，这成功引起了皇上的注意。

安陵容刚开始也很记情，可是后来却为了自己的地位暗地里使坏，想要扳倒甄嬛。

直到她死前，回顾自己的一生，真正对她好的那个人，也只有甄嬛了，可是此时已没了后悔药。

在生活中，我们很可能为了一些小名利，小得失，小恩怨，而跟朋友彻底决裂。

比如你误入歧途，朋友好言相劝，你觉得伤了面子，于是从此不相往来；和朋友一起合伙做生意，你不愿吃一点亏，于是钱赚到了，朋友却没了；你跟朋友之间，有一些误会，你不分青红皂白，就单方决定断交。

许多时候，你只要大气一点，凡事想开点，不那么斤斤计较，就会发现，真朋友才会对你不离不弃。

但我们最常犯的错误是，用自己心胸的狭隘，性格里的自私，以及眼里容不得一粒沙子的坏毛病，去轻易衡量一段感情的优劣。

03

你有没有弄丢过一个人，那时你一边享受着对方给你的好，一边又漠视他们的存在。

可是你忘了，感情就像拍巴掌。如果一个人总是单方面的付出，而得不到任何回应，总有一天他们也会心凉，绝望，直至离开。

记得《蜗居》里，小贝工资并不高，因为要攒钱买婚房，他自己舍不得买好吃好穿的，可是当海藻盯着哈根达斯两眼放光时，他毫不犹豫地买了这种“奢侈品”。

也许是因为他对她太好了，所以海藻肆无忌惮的出轨了。最后她一无所有时，想起小贝，眼泪长流。

有的人，对你情深义重，你累了，他帮你扛，你委屈了，他帮你打抱不平，你哭了，他帮你擦眼泪，甚至他只差把天上的星星摘下来送给你。

可是你呢，刚开始，你特别感动，可是时间长了，你就觉得理所当然。

于是你无止境的让对方包容、理解、爱护你，可是你却没有为对方做出任何一点点，哪怕力所能及的牺牲和努力。

有的人，对你无微不至。你没有钱，她也跟你过苦日子，你要创业，她就陪你坚持到底，你工作辛苦，她就早起为你洗手做羹汤，晚时孤灯夜坐，盼你早点回家。

可是你呢，曾经承诺一定会对她好，可是她生气，你不会哄一哄；她生病，你也不会陪一陪；她心情不好，你更不会逗她笑一笑，甚至你觉得她就应该是那个背后默默支持你，而不需要你去在乎的人。

于是等到失望攒够了，心伤透了，彻底失望了，她们没有选择大张旗鼓地离开，也没有扯着嗓子让你挽留，甚至都没有提前跟你打声招呼。她们只是挑了一个风和日丽的下午，裹了一件最常穿的大衣出了门，然后再也没有回来过。

而当你意识到大事不妙，再去追时，光阴已蹉跎，感情已耗尽，人已走远。

04

其实人与人的感情，是特别微妙的，又来之不易。

比如无论你曾经如何，现在混得怎么样，你将来会变成谁，在父母眼里，你永远是那个还没长大，需要呵护，时刻牵挂的孩子。

比如无论你如今遭遇什么，哪怕一穷二白，哪怕失去所有，在朋友心中，依旧把你当作最好的哥们，他们不会嘲笑你，挖苦你，对你落井下石，而是会竭尽全力帮助你。

比如无论你是上刀山，还是下火海，爱你的那个她，都不畏不惧一定要陪着你；无论你有多不完美，缺点再多，疼你的那个他，也会对你心生柔软，关怀备至。

人的一生，拥有这三样东西，双亲的爱，朋友的义，爱人的情，夫复何求？

可许多时候，我们或许因为早已拥有，所以不加珍惜，因为身在其中，所以忘了会失去。

更因为我们的贪婪，自私，不感恩，最终在某一个不经意的时刻，突然就失去了人生中的挚爱。

所以请记得，父母尚在时，对他们脾气好点，耐心点，多关心点；朋友在你身边时，对他们多一点宽容，少一点计较，感恩之心要常记于心；爱人伴你左右时，能牵手就别松手，能亲吻就别怨怼，能挂在心上请别放在眼底。

这个世上，没有任何人有责任和义务，要一辈子对你好。一颗心被伤了太多次，也会慢慢变得麻木。一个人被你冷落太多次，也会渐渐离开。

不要轻易弄丢了，那一个对你好的人。

你总要一个人走遍所有孤独

01

你有没有这样的时刻：

当你的工作忙得焦头烂额时，你多么希望遇到大方的老板，和气的同事，讲理的客户；当你的生活过得糟糕透顶时，你多么希望遇到能理解你的朋友，能支持你的家人；当你的感情处于水深火热中时，你多么希望遇到善解人意的伴侣，知你心思的知己……

可是现实与理想之间，总是隔着一段遥不可及的距离。

最终你会发现，任务没完成，领导会骂你；做事不周全，同事会怼你；产品不够好，客户会抛弃你。

你交不起房租，房东会让你卷铺盖走人，你大龄不结婚，邻居就要说闲话。你给爱人的关心不够，她就要发脾气闹情绪。你颜值下降，皱纹横生，伴侣就可能会嫌弃你……

大多数时候，我们总是一边自我安慰，一边继续忍气吞声地过下去。

因为当你经历的磨难越来越多，承受的压力越来越大，扛起的责任越来越重，就会明白，每个人都有自己的不容易。

大多数人只管你飞得高不高，付出的多不多，却很少有人在意你过得累不累，是不是真的开心。

你如果飞黄腾达，自然万事顺遂。你若自己不争气，就会受到无数委屈，遭到无数白眼，受到无数冷落。

02

我有个朋友，刚到一家新公司上班。

因为刚开始上手事情就很多，再加上很多事情都还没完全摸透，于是经常加班熬夜赶工作。

每当其他同事下班，看他一个人在那儿忙的晕头转向时，虽然大家嘴里说着，辛苦你了。可是却没一个人，要留下来帮他分担一点。

刚开始他还觉得很生气，因为平时大家关系还不错，可是一到做事儿时，大家都不给力。他灰心的说，职场无朋友。

可是后来，他又反思了一下，即便再好的同事，彼此非亲非故，人家凭什么要帮忙，而且，没结婚的人下班忙着谈恋爱，结婚的，下班回家带孩子。即便无所事事的人，人家回去“葛优躺”，也比在这儿陪你吃苦受累强啊。

后来他就释怀了，他说，但凡对别人寄予太高希望的人，都特别容易失望。

我想大家都有这样的感受，也许平时跟你聊天吃饭，跟你一起吐槽领导，跟你拜把子的同事，一旦遇到了一点利益纷争，遇到一点麻烦事儿，你们就变成了对立的关系。

虽然他们嘴里说着要互帮互助，可大家都是成年人，无论别人说要如何帮你，你听着就好，但若当了真，就是你的不对了。

因为没有任何人有义务和责任去无条件的帮你，人唯一能靠的只有自己。

03

有个熟人曾告诉我,他原以为亲兄弟之间可以好到穿一条裤子。

可是后来他哥哥有了自己的家庭以后，他才发现，原来即便是同父同母的双胞胎，也要分个你我。

他小时候家里很穷，读书那会儿家里无力负担两个人读书，哥哥不读书，说是让弟弟去读，弟弟也说不读书，说是要让哥哥出人头地。

再到他们长大后，两个人的工资，都是混在一起用的，你没钱了拿我的来用。我手头紧，拿你的银行卡去刷，根本就不会去计较。

可是后来哥哥有了家庭，很多东西就变了。以前问哥哥要钱，根本不提还，现在嫂子过门了，连开口说借都不好意思。

以前没地住，可以把哥哥家当自己家。可是现在，老是去哥哥家免费吃住，即便哥哥不说什么，嫂子也不开心。

以前心情不好，可以随时约哥哥出来喝酒撸串，可是现在，还必须得经过嫂子同意，才能放行。

他说，其实我并不是说嫂子坏话，而是觉得，即便是亲人之间，也不能陪伴一辈子。

有些情谊，在心里好到不分界限，可是在实际生活中也是要泾渭分明的。因为他们会被各自的生活所迫，而不得不对现实屈服。古话不是早就说了吗，亲兄弟，也要明算账。

你总要知道，能帮你过好这一生的人，也许不是最亲密的人，而是你自己。

04

有个读者，跟我讲了她自己的经历。

她年轻时长得漂亮，又有才华，追她的人有很多。

后来她碰到了人生中的真命天子，两个人可谓是门当户对天造地设的一对。

他们很快就结了婚，有了自己的孩子，之后，她为了家庭考虑，就待在家里相夫教子。

刚开始她丈夫对她还是很体贴，钱随便她花，家里的事全由她管，就连他工作上的事，她也可以直接参与。

后来她丈夫的公司破产了，不仅没钱了，就连日常生活开支都成了严重的问题。他们开始因为各种钱的问题产生了矛盾，比如她买了一只口红，多给孩子报了一个补习班，又或者贴补了娘家。

丈夫再也没有从前那么大方，而是怪她花钱大手大脚，丝毫不体谅他的辛苦。

两个人最终还是离婚了，虽然在外人看来，他们是因为感情不和，可是只有她说出了真正的原因：贫贱夫妻百事哀。

后来她硬着头皮，出去找工作，自己养活自己，她说："这个过程非常的艰辛。但是也让我明白了一个道理，原来人这一辈子能靠得住的只有自己。"

我们都曾想过，找一个可以给我们安全感的人，可以一辈子不离不弃的人，可以永远爱我们的人。

可是在这世界，不是人心靠不住，也不是感情靠不住，而是现实太残酷。

05

每个人都是一个孤独的个体，也许我们以群居的方式生活，可是当真的面临暴风雨时，人最终可以依傍的，唯有自己。

你的平台给不了你长久的饭碗，你的父母给不了永远的呵护，你的爱人照顾不了你一生。更多时候，你要学会自己独自一人面对挫折、伤痛和失败。

我们终其一生，都在寻找可以停靠的港湾，比如有的工作狂，以为把自己的所有心力都分享给公司，就可以一辈子有仰仗。

有的啃老族，一辈子守在父母身边，就以为永远也不用担心露宿街头；还有的，以为赶快找到一个归宿，就可以解决了下半生的后顾之忧……

可这个世上，哪儿有永恒不变的事物，哪有永不离开你的人，哪儿有永不变质的诺言？

也许当我们拥有幸福时，会觉得自己生活在安全地带。可是当这一切土崩瓦解时，你就不得不面对这无奈，心酸又痛苦的人生。

有句话说得好：走得累不累你的脚知道；扛得难不难你的肩知道；过得好不好你的心知道。

这个世界上，原本就没有感同身受，有的不过是你独自吞咽下的苦楚和难堪。

所以请别将所有的希望，都寄托在别人身上。你总要知道，钱，还是要自己挣；苦，还是要自己吃；路，还是要自己走。

孤独是生命的礼物

01

前段时间跟一个读者聊天，他说："如今自己事业有成，有房有车，就差一个中意的人和温馨的家。"

于是我问他择偶的标准是什么？

他答："二十岁时，喜欢漂亮姑娘，三十岁时喜欢成熟女性，等到四十岁以上，就只希望找到一个即便长得普通、不够睿智，但一定要聊得来的人。"

我又问："聊得来，真有这么重要？"

他叹口气说："结婚不过就是找个人，一起体验生活中的酸甜苦辣，乃至平凡、琐碎、无聊的过程。"

如果你的枕边人，跟你聊不到一块，两个人的状态，完全是鸡同鸭讲，对牛弹琴，同床异梦，那该多无趣。

我想，他道出了如今许多人的心里话。

以前，我们的父辈们找伴侣，可能是为了传宗接代，为了名利地位，或者只是因为到了该结婚的年纪。

可是如今，我们和一个人的结合，越来越看中彼此心灵的沟通，内在的契合，精神的互通。

而聊得来就代表了：这个人的三观与你相近；你们互相了解对方；你们的见识同步，层次相同，脾性相似。

记得演员王志文做客《艺术人生》的时候，朱军问他："四十岁了，怎么还不结婚？"王志文说："没遇到合适的。"

朱军问："你到底想找个什么样的女孩？"王志文想了想，很认真地说："就想找个能随时随地聊天的。"

朱军笑着又问："这还不容易？"

"不容易。"王志文说，"比如你半夜里想到什么了，你叫她，她就会说：'几点了？多困啊，明天再说吧。'你立刻就没有兴趣了。有些话，有些时候对有些人就不想说了，找到一个你想跟她说就能跟她说的人，不容易。"

曾经的人们，受父母之命，媒妁之言，不得不选择将就凑合的婚姻。

可是如今，许多人的思想越来越独立，对生活品质的要求越来越高，也越来越渴望遵从内心去找一个真正适合的人。

02

有一次出差，我跟同事张沫住在同一个房间。

晚上她老公给她打电话，她正在刷牙，于是开了免提，所以他们的对话我也能听得一清二楚。

“什么事？”

“家里的空调遥控器，放哪儿了？”

“沙发里找找。”

“嗯。”

“如果没事，我就挂了。”

可以说，全程一句废话也没有，而接下来的半个月时间里，她老公，居然连一个电话也没有。

我开玩笑地问：“你在外面，老公就不担心你吗，至少也要关心一下呀。”

张沫说：“老夫老妻，他懒得理我，我更不会主动找他。”

然后我又问：“你们平时就不聊天吗？”

张沫说：“见面都觉得烦，不到非说不可，能少说一句是一句。”

但我总觉得哪里不对，他们好像去年才结的婚。而且张沫性格非常开朗，即使跟陌生人都可以说上一整天。

后来，张沫突然从公司离职，据说是跟老公离婚了。而离婚的理由就是两个人没办法过，说直白一点，就是聊不来。

最近我听人说张沫再婚了，现任各方面的条件都比不上她的前夫，可是他们两个人，在一起就很玩得来，什么都能聊。

他们讨论的主题：比如月亮能追上太阳吗，先有鸡还是先有蛋，世界上存在外星人吗？比如早上几点起床，中午吃什么，晚上走多少步？比如，他们各自的理想，出一本书，开一家民宿，登一次珠穆朗玛峰……

可是他们不觉得无聊，反而聊得挺带劲。

记得在电影《一句顶一万句》中，有个片段：

“你们为啥离婚？”

“说不着，三个月了，今天说了头一句话。”

“你们为啥结婚？”

“我们说得着。话还没说，就知道对方心里想的是啥。”

在感情里，我们都希望找到一个聊得来的人，也许聊什么并不重要，而是聊本身就是一份难得的缘分。

甚至有时我们跟一个人聊天，并不是为了争高下，论长短，或者得到问题的正确答案，仅仅是因为，这个过程让你感到放松和愉快。

03

我有个朋友，跟男友恋爱了 5 年，在所有人认为已经水到渠成时，她居然提出了分手。

我问她为什么，她说，当初因为他长得帅，所以跟他在一起，再后来，因为他对我很好，更离不开他，可是我快要三十岁了，我越来越发现维系感情最好的方式，是彼此聊得来。

这个朋友和她男友，完全是两个世界的人。

朋友性格活泼开朗，特别喜欢交流自己的感受，属于心里藏不住话的人，男友就是一个闷葫芦，比较孤僻，不太爱说话。

朋友很有兴致地跟她男友提起自己喜欢弹的曲子，听的歌，看的书，可是男友每次都以“哦”回应。

朋友觉得好看的电影，好吃的美食，好玩的地方，男友每次都表现出一副我觉得这也没什么特别的样子。

甚至朋友兴奋的跟他聊起，想做的事，想实现的心愿，想完成的规划时，男友冷冰冰的来一句，未来变数太大，不要想得太远。

朋友说，刚开始，我经常自我安慰，比如他人很好，心疼我，也没什么大毛病，可是后来，我越来越无法忍受这样的相处模式。

是啊，我们选择另一半，其实不过是希望找一个人，可以互诉衷肠，可以表达自己，可以被理解。

而不是选择一个完美无缺的人，过一种看似没有漏洞，但实则是毫无生气的婚姻生活。

记得有一段关于演员张静初的采访。当她被问到心目中理想的爱情是什么样子时，她想起她闺蜜的答案：好的感情中，两个人像是最好的朋友一样，可以晚上蒙着被子在被窝里聊天，一直聊到很久很久。

其实在生活中，一个人说的废话越多，才越会感到幸福。甚至可以说，我们恋爱和结婚，都是为了找一个能和自己说废话的人。

因为只有彻底了解你的人，才能懂你真正在想些什么。

只有和你同频道的人，才能跟你碰撞出思想的火花。只有互相聊得来的人，才能舒服地过完这一生。

04

你有没有发现如今许多人的婚恋观中，聊得来被列为很重要的因素。

之前不太明白这究竟是为什么？直到读了朱光潜先生的这段文字：

“读一篇好诗文，看一片好风景，没有一个人在身旁可以告诉他说，这真好呀！心里就觉得美中有不足；

遇到一件大喜事，没有人和你同喜，你的欢喜就要减少七八分；遇到一件大灾难，没有人和你同悲，你的悲痛就增加七八分；

孤零零的一个人不能唱歌，不能说笑话，不能打球，不能跳舞，不能闹架拌嘴，总之，什么开心事也不能做。”

这寥寥数语诠释了，为什么如今的人如此渴望聊得来。本质上，我们每个人渴望的是被分享，理解和懂得。

聊得来看似很简单，因为只要是个正常人，都能动嘴陪你说几句。但有的人，刚开口跟你说第一句话，你就觉得此生无缘了。

之前看到过这样一句话：在婚姻里，卸下所有的伪装，关上门，卸了妆，面对爱人的时候，你可以随心所欲的说话，这才是一天里最舒服的方式。

有的人也许在你身边一辈子，也跟你聊不上几句。而有的人，就因为跟你聊了几句，就让你怦然心动，想要厮守终身。

其实余生很长，要和一个人朝夕相处，四目相对，柴米油盐过一生，唯有找一个聊得来的伴，才能抵御这一生的平淡和平凡，才能消减岁月对你的打压和折损，才能扛过这人生一路的风雨和荆棘。

年纪越大，聊得来，就越重要。

大胆去尝试，努力去爱

曾看过这样一个针对六十岁以上老人的问卷调查：你这一生，最后悔的事是什么？

结果，百分之九十二的人后悔年轻时努力不够，导致大半辈子一事无成。

不难看出，许多人遗憾的并不是物质上是否富裕，而是没有竭尽全力去做自己想要做的事。

我有个读者，她已过不惑之年。她曾告诉我，虽然现在已是衣食无忧，可她心里一直有个疙瘩没解开。

那是她中专毕业时，本可以尝试去大城市找份工作，努力奋斗几年，即便最后混不下去，再回老家谋生也不迟。可是，她早早地给自己选择了退路，她害怕打拼的日子太辛苦，所以就义无反顾地回了老家。

她说，也许我当时努力过，即使现在依旧过着相同的生活，可是我为此努力过，这辈子才不会有遗憾。

我们总以为，想做的事没有做成功，会是人生最大的遗憾。其实无论成功与否，从没尝试过去做，更让人惋惜。

所以，趁还年轻有余力，就拼尽全力吧，去争取实现想要实现的目标和梦想。

前段时间，有个朋友的父亲患癌症去世了。他的两个姐姐在父亲病床前痛哭流涕，当她们回想起曾经对父亲的亏欠，更是追悔莫及。

可是，朋友全程很少流泪。他并不是冷血，也不是不难过，而是他真正做到了问心无愧。

他说："父母在世时好好孝敬他们，善待他们，多花点时间陪他们，少顶撞他们，在自己力所能及的范围内尽量满足他们的要求，让他们吃好一点儿，玩好一点儿，开心一点儿。即便父母走了，也不会留太多遗憾。"

他说得很有道理。

很多人都是到了失去父母时才懂得珍惜，才意识到父母老去的速度如此之快，才去感叹子欲养而亲不待。

所以，不要总以"我很忙、没空、没时间"为借口，而错过最好的孝顺时光。有些遗憾，无论你事后如何反思纠错也都再难弥补。

表哥工作稳定事业有成，可一直没找到合适的对象。家里人不断地在给他介绍相亲，可他却有个心结，那就是他当初轻易放弃了一个自己喜欢的姑娘。

五年前，他大学毕业，刚参加工作不久，就带着初恋女友回家见双方父母。但因为女方家境优渥，所以女方父母对那时一无所有的表哥并不太满意。表哥当时自尊心特别强，他觉得既然你瞧不起我，我也没必要去高攀。于是，无论那位姑娘如何表明即使他一穷二白也要跟他在一起的决心，他也去意已决。从此以后，两个人各奔东西，再也没有了联系。

其实在表哥的内心深处是喜欢那位姑娘的。如果当初他能再坚持一下，用实际行动向女方父母表明自己有能力让姑娘幸福一辈子，可能结局就会不一样。

可是他中途打了退堂鼓，他以为逃避就能解决问题，但有些缘分错过了，也造成难以释怀的遗憾。

你有没有曾经很喜欢过一个人。那时，你因为一些看似过不了的难关就放弃了对方，可是后来，你常常遗憾，会想如果当初再坚持一点点，现在会是什么样子？

后来你终于明白了，人生最痛苦的，不是最后没跟喜欢的人在一起，而是当初你是那么轻易地就松开了想要握紧的手。

我们常常以为，遗憾来自于不尽如人意的结果。

比如，努力了很久，依旧得不到一份好成绩；奋斗了几年，也没升职加薪；追了很久的姑娘，最终却为别人披上了嫁衣……

可是后来我们才知道，其实人生最大的遗憾，是来自于选择过程中的轻易放弃。比“我不行但我曾为此拼尽全力”更让人痛苦的是：我本可以，但我没有。

我一直特别喜欢六个字：尽人事，听天命。

我对这句话的理解是，你只要真正付出了全部的努力，结果的好坏可能并非由你掌握，但你也不会留下任何遗憾。

而很多人只学到了后面三个字，遇到一点挫折、痛苦、麻烦，就早早地缴械投降，动不动就说“我不行，我做不到，我没办法”。

所以你看，这世界上的大部分遗憾，并不是来自于结果的不如意，而是我们不曾尽力。想明白了这一点，或许，我们可以努力做得更好些……

第五章

生活需要孤独感

我们一直害怕孤独，越是长大越是感到孤独。
这个时代，孤独成了现代人的流行病。

带着精致的孤独感去生活

在这个浮躁、世俗、功利的时代，很多人都认为，一个人的出身背景和机遇，直接决定了他们的命运。

谈起读书，虽然大家都觉得它还是有点用，但并没有引起足够的重视，甚至有人还宣扬“读书无用论”。

但当你真正融入书的世界，就会发现，原来读书的好处远比你想象中更实用，更强大，更神奇。

01 读书会变美

曾经我有很长一段时间，都在怀疑自己的审美有问题。因为我喜欢的男神，从形象上来看，真的不那么对得起观众，比如王小波和高晓松。

记得李银河曾因为王小波长得丑，差点决定要分手；作家刘心武也说，王小波的丑相中带一点凶相。

我第一次看他的照片，还以为是个犯罪分子。

但就是长得这么丑的人，他写的《黄金时代》曾经被誉为所有热血青年都该读的书，他的《沉默的大多数》引起了无数人的共鸣，《爱你就像爱生命》成了恋爱男女的情书的典范。

有人形容他是：好看的皮囊千篇一律，有趣的灵魂万里挑一。

而他的有趣，很大程度源于饱读诗书，是读书给他带来了丰富的内在，独到的见识，潇洒的人生态度。

如果他不读书，在这个看脸的社会，几乎不会受待见。

再来说说，那个长得肥头大耳，还特别爱自拍的高晓松。

记得有一次，人家谈及他的长相。他毫不避讳地说：“每次做节目，化妆是我最头疼的，不仅浪费人家很多粉，化了半天也没看出有什么变化，人家还得打光。费半天劲，我这张脸怎么打光，都和拿手电筒打没什么区别，浪费灯泡和电力。”

虽然他是在自嘲，但大家不会觉得他是谦虚，因为他说的就是大实话。

但是高晓松为什么还如此圈粉？因为他有内涵，有思想，有见识。而这一切，大部分也归功于读书。

他生在一个书香世家，读书可以说已经是长在他骨子里的生活习惯。他唱的“同桌的你”，会让你情不自禁地忆起青春。他说出的“生活不止眼前的苟且，还有诗和远方”，成为无数人精神的向往。他提出的“名校是镇国重器”，让无数名校生深刻反思。

有网友说，无论他长成什么样子，本质上，还是一名不折不扣的文艺青年。

曾经我们总把，人丑就要多读书当作一句玩笑话，其实还真是这样。

读书，也许不能纠正你的五官，但是可以改变你的三观，不能重塑你的形象，但可以美化你的心灵。

而当一个人的内在变美了，在言谈举止间，就会让人感到顺眼和舒服，散发出无限的人格魅力。

02 读书会变好玩

你对读书人，是怎样的看法?

是两耳不闻窗外事，一心只读圣贤书？还是孤僻，固执，没趣味的木头人？甚至还有人提出了“百无一用是书生”的说法。

其实爱读书的人，远非你想的那样呆板。

读书人，会开玩笑。

之前，网络上有个段子很火：“这两天国庆放假，我送室友坐高铁。临上车前，我淡淡地说:‘我去买几个橘子，你就站在此地，不要走动。’

室友愣了一下，幽幽地望着我：‘都快走了，你还不忘占我的便宜！’”

看了这个段子，懂的人人嘿嘿一笑，故作神秘，不懂的人一脸茫然，不知所云。

而这个梗，是出自朱自清的《背影》，而这样不露声色的调侃，远比直接说，我是你爸爸更幽默。

读书人，玩法自然多。

许多人热爱旅行，可是每次出行回来后，他们几乎都会感到无比失望。

因为在他们眼里，日月星辰，山川湖海，奇峰异景等，无论在哪儿，都没有什么特别之处。

可是有些人，即便半夜醒来，也可以感知川端康成笔下的“海棠花未眠”，即便蜗居在家，也能感受到，叶绍翁的“春色满园关不住，一枝红杏出墙来”。

比如清代的读书人沈复和妻子芸娘，即便在柴米油盐中也能发现诗意。他们种水仙，没有灵璧石点缀，便拿像石头的木炭取代，用冷米汤和上石菖蒲籽，喷在上面，长出绿茸茸的苔藓。

他们为了打造亭台楼阁，以叠石为假山，以梅树当篱笆，种长藤铺满墙壁。

他们去赏油菜花，自带锅碗瓢盆，渴了喝热茶，累了喝热酒，既赏了美景，也饱了肚子。

不读书也可以因为有钱环游世界，可以找到各种各样的玩法，可就如有句话说的那样：没有读过书，行万里路都只是个邮差而已，灵魂没有趣味，日子怎么过都一个样。

可是爱读书的人就不一样，哪怕他们足不出户，在平淡无常的日子中，也能因为肚子里的诗词歌赋，自我乐趣，创造出无限美好。

03 读书会变开心

在生活中，无论你是达官贵人还是凡夫俗子，无论是富甲一方还是穷得喝粥，反正生而为人，有磕磕绊绊不如意，是最正常不过的了。但是你会发现，在同样的境遇里，上帝更青睐读书人。

因为他们总是很少唉声叹气，很少感到绝望，甚至心大到遇到糟心事过目就忘的程度。

其实倒不是读书有多大的魔力，只是读书这个过程，它会让你的心态更积极乐观，让你更具有正能量，让你的格局更开阔。

俞敏洪曾说，他大三得肺结核时，在医院是读书拯救了他，那一年他总共读了八百多本书，读书不仅帮他消磨了时间，做了有意义的事，还让他忘了生病的痛苦。

而我自己也有这样深刻的体会，每当我感到迷茫和焦躁时，就会随手拿起一本书，看完以后，我不仅忘了要生气这回事儿，甚至许多不顺心的事，也会很快烟消云散。

也许不读书，对物质生活并没有任何影响，可是想要过得开心一些，还是需要多读书。

其实读书的人，通常都活得比较通透、从容、乐观。

因为当你读的书多了，就会发现，在无涯的知识海洋面前，再大的烦恼也只是沧海一粟。

当你看了那么多励志名人的经历，就会发现，自己的小烦忧，是多么不值一提。甚至你还能学会苦中作乐，拥有普通人没办法达到的思想高度和境界。

04

读书，也许不会让你变得更富有，也不会让你升职加薪，在你穷困潦倒时也不能给你提供任何实际的帮助。

可是读书可以给你带来许多看不见摸不着的好处。

即便你长得很丑，也可以通过读书提升气质；即便你包里没钱，也能依靠读书丰富自我；即便你身陷囹圄，也能借助读书向阳而生。

对于普通人而言，在有限的物质条件下，想要过上不一样的人生，唯读书是最便捷，最有效，且成本最低的投资。

放过自己的人，才是真正的人生赢家

01

有个读者曾给我留言道，她读书时，上课认真听讲，下课用心复习，可每一次考试成绩都不如意。

她也曾试图去分析原因，比如学习方法不对，没有理解老师所说的重点。但无论如何努力，效果也不明显，这让她感到很沮丧，觉得自己太笨了，这样的自卑心态一直延续至今。

每当她工作上有处理不好的棘手事，遇到了解决不了的麻烦，碰到了很难相处的人，她都把问题归于自己能力不够，情商太低，或者是性格太内向。

我告诉她，凡事多从自己身上找问题这一点没有错。但当你竭尽全力以后，结果依旧不够满意时，要学会放下执着，这远比总是去问失败的原因更有意义。

每个人都想要成功，但只有努力才有可能实现目标。这并不表示努力就一定能等价交换来你想要的一切。

当你想要做成一件事时，要考虑你的天赋如何，选择的方向是否合适，时机是否成熟，这些综合起来，决定了你最终能达到怎样的高度和水平。

我们只管去做好我们可以做好的，至于其他我们无法控制的因素，尽量顺其自然，不要过于强求。

最终你会发现，人生的失败并不可怕，可怕的是你未曾全力以赴而留有的遗憾。

02

有个熟人，因为工作原因需要经常应酬和社交。

但无奈他对酒精过敏，为此他曾经有很深的挫败感。因为这样的一个缺陷，他觉得自己会失去很多合作的机会，于是有很多次他不能喝也要强行去喝，明知喝了会全身不适，甚至要去医院，他也要跟自己较劲儿。

后来他的领导知道了这个情况，就跟他说，做生意最重要的是为人诚信厚道，商品质量过关，如果没办法喝酒，也可以把更多心思和精力用在提升工作上，没有任何人说过优秀的销售人员就一定要能喝酒。

后来他学着把更多注意力转移到如何更好地服务于甲方。结果他的业绩蒸蒸日上，根本没有因为无法陪客人喝酒而受到太大影响。

许多时候，我们总以为，限制你的是你自己身上的缺点，但为什么我们不学着舍弃一些原本无法改变的事实，而换一条可行的路呢？只要最终的结果是好的，就不必太纠结过程的曲折。

我们都有过疲惫沮丧到怀疑人生的时刻，比如在学习中，无论你如何努力总是考不到一个理想的好成绩。你为此而感到自卑，其实你并不知道，只要你尽力而为，结果并没有那么重要。

比如在工作中，无论你如何卖力也总是事倍功半，弄巧成拙。但条条大路通罗马，换一种思维方式，也许就能找到新的突破口。

比如在感情中，无论你如何用力也换不来同等的真心时，你就要学会及时止损。因为错的人无法变为对的人，而对的人才是真正需要你去等待和珍惜。

许多痛苦和折磨是来自于外在的因素，而导致你郁郁不得志的最大的问题，在于你的执念和执着。

有一句名言说，这个世界上根本没有解决不了的事，也没有离不开的人，更没有过不去的坎。

无论你选择绕道而行，还是另谋出路，又或者用时间去冲淡往事，总之，你才是自己的解局人。只要你肯从自我的偏见中走出来，也就有了重见光明的机会和可能。

放过自己的人，才是真正的人生赢家！

做一个通透的明白人

01

在繁华的城市里，我们通常会遇到马不停蹄赶路的人，处理不完的繁杂琐事，仿佛每时每刻都在奋力战斗。

每天从天不亮到夜已黑，都在忙，忙得没有时间去思考这一天我们究竟在忙什么？

我时常有种时间不够用的感觉，那种紧迫和恐慌让我不敢停下来，甚至时常懊悔，曾为了一些无聊的对话，不值得的人，不重要的事，而耽误和浪费了许多光阴。

可是每到周末，我都会回到农村老家，在这里，我感受到的时间是静止的，它会不知不觉地带着你回到过去的记忆里，让你不由自主地去想起过往那些天真美好的经历。

在这里，人们的生活节奏慢得像蜗牛，他们干什么都不着急，也没有很强的目的性。

有时，你看着他们几个人围成一圈，嗑着瓜子，聊着东家长西家短，完全不忧虑时间是否匆匆划过。

我一直有个午后小憩的习惯，每当自然睡醒后，睁开眼睛，看着窗外绿油油的树木以及蓝蓝的天空，我的心里其实会特别的害怕，害怕自己贪念于这样的安逸，习惯于这样的舒适。

抬一个小凳子，在午后的田野下，什么也不想，什么也不做，就懒懒地晒个太阳。

因为心里惦记着，还有好多想做的事，需要花费时间和精力，我不能停下来，也不敢停下来。

02

回顾近三十年的人生，我仿佛都在浑浑噩噩中度过，在该努力的时候，没有好好努力，在该清醒的时候没有清醒，以至于在真正开始要用力的时候，才发现，原来自己错过了太多。

曾经我也强迫着自己要学会放松，学会松绑，学会休息。可是那种彻底的自由，让我的内心一点儿也不踏实，因为除了往前奔跑，我别无选择。

如果说人生的前半段，我错过了最好的努力时机，那么后半生，我希望用尽全部的心力，去做我想做的事，以及成为我想要成为的人。

记得有位读者曾问我：“每天写作的意图是什么，因为喜欢，还是想要成功？”我的答案：“都不是，而是因为爱。”

当你真正地找到了人生中那令你着迷、上瘾和专注的因素，无论它是人，还是物，又或者是某件事，你为此付出的任何努力都是值得的。

从我真正开始热爱起写作时，就断了对安逸生活的羡慕。那时我才发现，原来人生中所谓的休息不仅仅指无所事事，而是即便你经历了炼狱般的折磨，但你的内心依旧能感到充实、饱满和丰裕，这就很有意义和价值。

也许每个人所追求的不一样，但这一生，我是真的停不下来了，也不准备刻意去放慢脚步，我就按照我想要走的路，追着那束前行的光，去寻找属于自己的精神圣地。

也许这样的我，会越来越孤单，会感到更加疲惫，也会面对更加不可预料的困难，但是当你心里有了爱，不会很难受的。你只有不断地去靠近它，了解它，体悟它，才觉得此生是完整的，才会没有遗憾。

以前我是个特别着急的人，总是付出一点点，就着急着去要答案，要成绩，要功劳，可是越往后走就越不急了。

因为你可以实实在在地感受到，在每一天的阅读和写作中，你就是在不断地打磨自己，不断地提升自己，不断地朝着目标前行。

而所谓的成功，并不是你最终到达了怎样的高度和层次，而是在每一个奋斗着的当下，你做到了不辜负、不懈怠、不后悔。

03

我不知道自己能走多远，我也越来越少地去关注未来的我会是什么样子。

我只是越来越多地去思考和反省，每一天我究竟为了梦想做了什么？不足之处在哪里？我明天是否可以变得更好？

当然我也时常感到羞愧，因为我每天几乎都要在日记本上，写着“珍惜时间”四个大字，但是很多时候依旧控制不住自己，做不到完全的自律。

此刻，窗外依旧是岁月静好的模样，但是我知道，为了心中的爱，必须及时启程！

简单，应对复杂世界的利器

有人说，从前我们处在一个追求物质丰富的时代，那时许多人食不果腹，衣不蔽体，解决温饱问题成了我们辛苦奔命的出发点。

如今，我们的物质条件越来越富裕，反而把追求简朴看作一种时髦的生活态度。其实，我认为真正的极简，是由内向外延展的，一种极为可贵的精神品质。

就如美国作家海明威曾说："我始终相信，开始在内心生活得更严肃的人，也会在外表上开始生活得更朴素。"

01 物质极简

大多数人习惯了做加法，买用不完的东西，只因打折就往家里使劲囤货，储备更多用不上的物品，想着总有一天能派上用场。添置许多用不了的家具器皿，只因满足自己的虚荣心……

比如衣服，真不在多，就如马克·扎克伯格曾说："我买了很多件一模一样的灰色短袖 T 恤，我想让我的生活尽可能变得简单，不用为做太多决定而费神。”

然后是物品，也不在多，而在于它是否真正发挥了应有的价值，是否切合实际地为你所用。

就如乔布斯的家，只有一张爱因斯坦的照片，一张桌灯，一把椅子和一张床，他希望不为时尚左右，越简单越好。

古语说：华屋万间，夜卧不过五尺，纵有卧榻三千，只得一席安寝，珍馐海味，食之不过三餐，纵有菜品上百，饱饮不过一斛。

其实我们在日常生活中，真正需要的并不多。

如果一个人把太多时间、精力耗在了无谓的攀比、纵欲、奢靡中，不仅会不堪重负，也会因此，失去初心，变得轻浮和焦躁。

真正追求生活品质的人，都在做减法，他们摒弃一切繁杂多余的占空间的东西，最终得到的，是身心的清明和舒朗。

02 信息极简

你有没有这样的焦虑，每天从你脑子里涌入的新闻和观点层出不穷，让人眼花缭乱。

而我们真的需要那么多信息吗？以前，我们因为信息不对称，错过了很多机会，可如今，我们却因为信息过剩，而变得人云亦云，失去了自我的主见，弱化了基本的分辨能力。

其实你接收到的信息越多，并不代表你博学多识，拥有全局观，了解了事情的真相。

因为任何不经个人思考，没有真实依据和严格逻辑推理的消息，不过是只言片语的碎片，除了少部分有营养的内容，多数时候，它们就是垃圾消息，不仅在消耗你的能量和精力，也在间接误导你。

比如一些所谓的娱乐八卦、实时评论、宣传广告，只是以传播者的利益为导向，而被传播者，不过是起到了提高流量、制造舆论、买单付费的作用。

就如在《娱乐至死》中提到，过去，人们随时为了解决生活中的问题而搜索信息，现在是为了让无用的信息派上用场而制造问题。

与其把太多时间用在关注在奇葩、新鲜、刺激却毫无任何意义的消息中，不如静下心来，多读书，多思考，多反省，最终你会发现，你并没有因为错过太多信息，而变得愚昧无知，反而会因为去粗取精，删繁就简，剔除糟粕，而变得更加成熟理性。

03　欲望极简

看过这样一则故事：有个年轻后生到一座禅院去，在路上看到了一件有趣的事，他想以此考考禅院里的老禅师。

来到禅院，二人坐下喝茶，他冷不防地问了一句：“什么是团团转？”老禅师立即回答：“皆因绳未断。”

后生大吃一惊，认为老禅师未卜先知。老禅师就问：“什么使你如此惊讶？”

后生说：“您居然有神仙之术，我今天在来的路上，看到一头牛被绳子穿了鼻子，拴在树上，这头牛想离开这棵树，到草地上去吃草，谁知它转过来转过去都不得脱身。我以为师父既然没看见，肯定答不出来，哪知师父出口就答对了。”

老禅师微笑着说：“其实，众生就像那头牛一样，被许多烦恼痛苦的绳子缠缚着，生生死死不得解脱。而如果那头牛没有绳子牵缠，定会快乐。所以减少那根绳子，就是减少了欲望的纠缠，就能快乐洒脱。”

在现实生活中，许多人，无止境地追求金钱名利，可是你得到的越多，反而欲望越大，越不快乐。

如果一个人心里，有太多得不到与放不下，就是变相地在折磨自己。

人的一辈子，无论是贫瘠富裕，我们缺少的从来不是幸福，而是缺乏对幸福的感知力。

钱挣得再多，最终都是生不带来，死不带去。官位再高，也有退休之时。权利再大，终有无法发号施令的一天。

但是减少欲望，对自己已经得到的所有，充满感激之情，并且学会珍惜，就会让你感到满足和安宁。

04

积极的生活，就是要学会让自己从外在到内在，从状态到心态，从物质生活到精神领域，都能坚守极简的原则。

所谓的简，不是佛系似的得过且过，也不是毫无追求的将就凑合，更不是得不到，所以说不想要。而是适当地去控制自己的欲望，拿得起，放得下，愿意得，也愿意舍。

记得极简大师吉尔·桑达曾说过：“拿走的东西越多，留下的就越纯粹。”

在多明妮克·洛罗所著的《理想的简单生活》中提到：“绝大多数的人，在生命的旅程中，都携带了沉重甚至是超重的行李箱”。

《传习录·薛侃录》中有云：“先生曰：‘吾辈用功，只求日减，不求日增。减得一分人欲，便是复得一分天理，何等轻快洒脱，何等简易。’”

当一个人学会了简单，才算真正的学会了生活。

一切都是为你而来

看过一句话，深以为然：你遇到谁，无论对错，他都是你生命中该出现的人，这并非使命，也绝非偶然，是成全彼此，还是制造遗憾，全凭你的选择。

同理，你遇到任何事，无论好坏，它可以成就你，也可以困住你，这其中全看你个人的修行。

曾跟一个朋友聊天，他说，如今自己能拥有令人艳羡的事业，其实要感谢那些曾在工作中遇到过的，批评他的人，让他不愉快的事，以及那些突如其来的意外。

因为遇到严苛的领导，他懂得做事情要认真，用心，不能有半点敷衍；因为遇到狡诈的合作商，他懂得了不能一味忍让，做人要善良，但也要有点锋芒；因为遇到了意料外的棘手事，他懂得了冷静沉着不着急，从容应对生活给予的任何暴击……

也许曾经，他也觉得自己总是遇人不淑，诸事不顺。

可是后来想想，正是遇到了问题才能培养解决问题的能力，正是遇到了麻烦，才能树立应对麻烦的好心态。

正是百般不如意，给了他难能可贵的经验和教训。

而同样的挫折和困难，有的人遇到了，就成了迈不过去的坎。

他们不是怪领导脾气差，就是抱怨同事性格不好，或者客户太刁蛮，他们越抱怨，坏运气就越会紧跟其后。

到最后，同样的经历，对有些人，是成功的垫脚石。而对于另外一些人，则是失败的绊脚石。

02

我家小区，住了两个阿姨，她们是亲姐妹，平时你跟她们两个人聊天可以发现，同样的生活，两个人却活出了不一样的人生。

姐姐一提到街坊邻居，就变得咬牙切齿。不是怪隔壁人家素质不高，总是扔垃圾在楼道里，就是怪门卫腿脚不利索，晚上开门总是等半天，又或者质疑物业费太贵，小区小偷多，房子质量差……

她每天都活在负能量的人和事中，整天愁眉苦脸，见不到一丝光芒。

而妹妹，说起周围的人和环境，就会脸露笑容。她总是提到，不太熟悉的业主，帮她按电梯的按钮，和蔼的保安捡到了她的钱包如数奉还，甚至物管经常做的节日活动也让她心生感动。

仿佛在她的世界里，全是善良的人，美好的事，生活永远活在灿烂的阳光下。

其实太阳底下并无新鲜事，生活之中也无特别人，但凡活在世上，你所遇到的一切，几乎再正常不过。

有的人，之所以活得愉快开心，不是事事顺遂，而是选择做一个正能量的人，用一颗感恩的心，去过好每一天。

而有的人，就是因为太过计较，放不下，又看不开，最终活得又累又丧。

03

每个人，或多或少都受过感情的伤害。

也许你曾真心相待的人辜负了你。也许，你许以终生的人抛弃了你。甚至你曾无比信任的人，突然对你背信弃义。

有的人，被伤透心之后，为了防止再受伤害，就会拒绝一切开始。

有个读者，曾多次给我留言说：自己早就过了谈婚论嫁的年纪，可是无论如今过得如何孤独，她依旧不愿意接受新的恋情。因为她的前任男友，给她留下了不可磨灭的阴影。

本来两个人恋爱多年，早就把对方视为结婚对象，但就在双方即将谈婚论嫁时，前任又碰到了初恋女友，就突然变了心。

这件事，对她的伤害，几乎是致命的。因为她曾把自己生活的重心，全放在他身上，如今他一离开，她就变得无比失魂落魄。

她始终无法接受这一事实，甚至从此以后对爱情也产生了深深的怀疑。

后来她也陆续遇到了喜欢的人，但总是因为心结而错过了好姻缘。

但也有一类人，他们即便曾经深陷在感情的泥淖里，依旧能开朗的走出来，并且重新开始自己的人生。错的人，错的婚姻，错的选择，并没有彻底击败他们。

反而让他们更加懂得，在任何关系里都不能失去自己，学会面对、接纳、放下，远比那些没有意义的纠缠，更有意义。

04

虽然每个人在一生中所遇到的人和事都不尽相同，甚至境遇也有千差万别。但本质上，决定一个人的生活品质和人生高度的，从来不是好运和好命，而要看你以怎样的心态面对这一切。

有的人天生一副好牌，却因糟糕的心态，比如一味攀比，过度强求，不懂得珍惜……既没得到想要的，也失去了拥有的，最终得不偿失，悔不当初。

有的人天生一副烂牌，却因积极的心态，尽人事，听天命，拥有的就珍惜，得不到的就释怀，忘记该淡忘的，记住该留下的，所以过得平静满足。

对于更多普通人而言，人的一生都是好坏参半，好牌和烂牌混搭出现。

你既要有过好好日子的能力，也要有熬过苦日子的勇气，更要有一颗平常心，去接受一切突如其来的风云变化。

最终你会发现，你的心态，决定了你遇到的人和事。

你还要怎样更好的世界

01 钱并不是越多越好

看过马云说的一段话："钱在一百万的时候是你的钱。现在中国最幸福的人是一个月有两、三万块钱。有房子、车、家庭，没有比这个更幸福了。超过一两千万，麻烦就来了，你要考虑增值，是买股票好呢？买债券好呢？还是买房地产好？

超过一两个亿的时候，麻烦就大了，超过十个亿，这是社会对你的信任，人家让你帮他管钱而已，你千万不要以为这是你的钱。"

也许你看了以后，会是这样的反应，他那么有钱，当然说钱不重要。

曾经我也这么想，直到见证了一件事后，让我改变了原来的想法。

我堂哥以前是个工薪阶层。那时，他有个温馨的小家庭，工资虽不高，但欲望也不多，日子还算过得有声色。

后来，他辞了工作跟一个亲戚一起合伙包工地，那时他几个月挣的钱，就相当于曾经全年的工资。

随着生意越做越大，应酬的时间多了，陪家人和休息的时间自然就少了。所以当他拥有了当初想要的金钱时，反而觉得越来越疲惫，整个人都处在透支状态。

也许月薪五千和月薪五万，在物质上区别很大，但若你懂得立足于当下，幸福感并无太大区别。

甚至在你的能力只能值月薪五千时，即便你拥有了月薪五万，反而会感到无法承受与之相当的身体及精神强度。

最好的生活就是，努力往上攀登，但也要丈量自己的实力，活在你能把控的当下，而不是这山望着那山高，因为当你真到了那座山以后才会发现，高处不胜寒。

当然，这其中不排除命运的造化，以及突如其来的好运，但无论如何，摒弃一切过剩的欲念，把时间和精力，放在现在的每时每刻，你才会有余力去感受丰富多彩的生活，而不仅仅为了奢侈无度的生存。

02 行走并不是越远越好

《菜根谭》里曾说："得趣不在多，盆池拳石间，烟霞俱足；

会景不在远，蓬窗竹屋下，风月自赊。”

这句话的意思是，要想找到生活的意趣，并不在于你得到了多少，拥有了多少，占有了多少，而是即便在一个小池里，几汪清泉，几块怪石，几朵烟云，几片晚霞里，你也能领略到人间最美的风景。

想要了解大自然， 也不一定要远行到哪里，而是即便在自家草屋竹窗下，你也能感受到清风明月般的惬意。

如今许多人都喜欢旅行，似乎到了外面就是真正得到了身心的解脱，在工作场地和家里厨房，就一定过得是一地鸡毛的琐碎日常。

可我发现，事实并非如此。

我身边就有许多这样的人，他们每天都在抱怨工作太累、生活太无聊、日子太煎熬，他们总想要把所有对美好的向往，都释放在节假日的出逃中。

记得有个朋友，她最大的心愿，就是去一次西藏，因为那里是，许多文艺青年心中的圣殿。

她以为到了那里，自己就能扒开人生的层层迷雾，就能解疑答惑，真正走出迷茫，迎来繁花盛开的春天。

但她到了西藏以后，发现西藏确实是西藏，是雪山冰山的故乡，是众多大江大河的源头，是诸多宗教的圣地，但在这里却找不到她想要的成功的奥秘，进步的捷径，灵魂的安定。

等到她出行半个月回来后，反而身心疲惫，那些想不明白的人和事，依旧原封不动的摆在她面前。

其实风景就在人的心里。有的人，看到办公室盛开的绿萝，也会去观察它的每片叶子上的脉络的分布，颜色的深浅，以及各异的形状。

而有的人，即便走遍全世界，赏完奇花异景，走遍山川湖海，也感受不到其中的美丽。

如果你不能在当下的生活，用一颗发现美的眼睛，去用心体会周围真善美的事物，那么即便到了远方，也找不到你想要的人间天堂。

03 感情并不是越深越好

在《匆匆那年》里，有这样一句台词：

“所有男孩在发誓的时候，都是真的觉得自己一定不会违背承诺，而在反悔的时候也都是真的觉得自己做不到。所以誓言这种东西无法衡量坚贞，也不能判断对错，它只能证明，在说出来的那一刻，彼此曾经真诚过。”

一个读者曾跟我讲过，她用了五年时间，谈了一次失败的恋爱，结了一次错误的婚，最终才明白，太过依赖感情和不相信爱情同样可怕。

这个读者刚大学毕业时，好不容易考入了一个好单位，工作稳定，收入颇丰，还通过自己的努力买了一套房。

那时她在网上，认识了一个男子，两个人迅速堕入爱河，恋爱不到两个月，她就主动回家告诉父母要跟他结婚，父母在了解对方的情况后，坚决反对。

倒不是因为他没太多钱，而是他给人的感觉非常不靠谱。

可是后来，她居然为了他一切都不顾，最终在父母并不知情的情况下，偷偷辞了工作，跟他到北方去创业。

结果两个人匆忙结了婚，在一起生活不到一年就离了婚。

她说："如果再给我一次机会，我一定不会干这样的傻事了。"

我很喜欢巴尔扎克的一句话："我们的心是一座宝库，一下子倒空了，就会破产。"一个人把情感统统拿了出来，就像把钱统统花光了一样得不到人家原谅。

其实人人都渴望得到真挚的感情，但这并不代表我们可以无节制的依赖感情，我们都那么渴望得到不离不弃、矢志不渝的感情，可是并不是所有人都有如此好运，即便得到，也并不能保证永恒。

深刻的爱，有时还不如平淡的爱那么实在，那么稳定，那么坚贞。

其实与其去期望那轰轰烈烈的爱情，还不如活在当下，去寻找一个普普通通的人，过一份踏踏实实的日子。

04

这个世界看似很大，大到你这一辈子，也无法体验到它所有的奥妙神奇，无法欣赏到它所有的高峰峻岭，无法领略到它全部的珍贵，可这个世界也很小，小到只要你在工作岗位，辛勤付出，你怀着平常心态，好好生活，你善待身边的所有人，就可以通往幸福，过上你想要的美好人生。

也许重要的不是我们挣到了多少钱，走过多远的路，看过多好的风景，而是你在自己的小天地里，是否能活在当下，安守本心，拥有过好坏日子和好日子的全部能力。

请一个人孤独且丰盛地活着

01 形象美

小区里有个姑娘，在保险公司当电话销售。可是她每天出门，都会把自己打扮得端庄得体，光艳照人。

在妆容上，她会提前半小时起床，把眉毛画得温柔服帖，把睫毛涂得根根卷翘，把头发整理得一丝不乱。

她会用橘色的口红为嘴巴着色，会用淡淡的橙色为颧骨抹上腮红，用大地色眼影让眼睛显得炯炯有神。

在穿着上她也丝毫不懈怠，她的白色衬衣永远洁净无污渍，羊皮高跟鞋，总是打理得一尘不染，真丝裙子，在穿之前一定会熨烫平整。

在形象上，她为了保持曼妙身材，一直坚持健身运动，合理控制饮食。

为了保持皮肤的嫩滑，一直保持着早睡早起，良好饮食，规律作息的习惯。

为了保持优雅的身姿，每周都在学习跳舞、瑜伽、普拉提。

刚开始很多人都问她："你跟客户不会直接接触，甚至对方在电话另一头也看不到你，你又何必要如此费心打扮？"

但她却说："每次当我在工作上遇到刁难的客户和棘手的事情时，我总会在心中默默地告诉自己，我打扮得这么美，可不能皱眉叹气，不能口出恶言，不能烦心焦躁。"

这个姑娘不仅外在形象很美，性格也很好，工作业绩也是蒸蒸日上。

在生活里你总会发现，爱美的女人总会活得很高级。

一则体现在她们外在的漂亮皮囊上，二则隐藏在她们高度自律的习惯和积极乐观的心态里。

记得香奈儿曾说："一个女人不能亏待自己，随时把自己打扮得精致些，这是对自己的奖赏。"

爱美的人，总是由内而外散发出一种美好的向上的气质。

你很难发现一个爱美的女人，整天抱怨世界不公，烦心事多，不想活了之类的消极话。

因为人一旦打扮漂亮了，不仅使自己神采奕奕，也让别人赏心悦目，更会吸引来同样美的人事物。

02 生活美

我之前有个同事，她虽然是个时尚大美女，可有一次我们到她家时，才发现她家简直成了一个十足的垃圾场。

沙发上堆满了各种乱七八糟的衣服，茶几上放着没有扔掉的外卖盒，地上还搁置了许多看过的书、报纸和一些笔记本。

打开她家的冰箱时，发现里面居然还有过期的牛奶、发蔫的蔬菜和发出异味的猪肉。

我曾开玩笑地问她："你每天在家里，难道都不收拾一下吗？"她懒洋洋地说："反正乱糟糟也没影响正常生活。"

当时我对她的印象就大打折扣，毕竟一个人的家里，藏着他们最真实的生活态度。

我认识一个朋友，她也是个美人胚子。虽然每天也很忙，可是每天下班后，她都会打扫卫生、整理家务、拾掇房间。

她家的地板永远拖得干干净净，桌面几乎一尘不染，就连厨房和卫生间的角落也收拾得井然有序。

她说，不喜欢家里杂乱的样子，她习惯了窗明几净，舒朗清爽的环境。而且她还在家里的阳台上，养了许多鲜花和多肉。

她还在客厅的墙上，挂上了自己写的毛笔字，孩子画的油画，全家人的合照。

平时只要有空，她就会在家里摆好茶具，点一支熏香，放一首歌曲，悠哉游哉地品茗。也会自己下厨，亲自做饭、煲汤、炖菜。

可以说，她的生活就跟她的人一样，不仅表里如一，也非常有仪式感。

很多女性，呈现在别人面前的是一副花容月貌的美好形象，可是私底下的生活，却是杂乱如麻，一团糟。

所以我们不难看出，层次越高的女人，不仅长得美，也很会过日子。

记得孟德斯鸠曾说："美必须干干净净，清清白白，在形象上如此，在内心更是如此。"

真正爱美的女人，对待生活，从不苟且敷衍，她们即便生活在柴米油盐的琐碎日常里，也能把生活过得丰富多彩，盎然生趣、充满仪式。

03 心灵美

我有一个熟人，她四十出头的年纪，虽然她的五官长得并不标志，但是很多人都说她心慈面善，很有福相。

因此她不仅人缘很好，运气也是越来越好。

记得她有个邻居，为人尖酸刻薄，总是对她说三道四，当时她也很生气，可是也没有在言语和行为上对这家人有任何报复性的回击。

但有一次，这家人的孩子半夜生病了，一直打不到出租车，而且家里也没一个帮衬的人，完全忙不过来。

她不计前嫌，还没等这位邻居开口，就自己开车主动将孩子送到医院，还帮邻居照看了孩子，垫付了医药费。

后来这个邻居，非常不好意思地跟她道歉，她不仅没有表现得很高傲，反而非常谦和地接受了道歉，说："过去的事，就让它过了，邻里之间本来就应该互帮互助，和谐相处。"她年轻时，跟她老公谈恋爱，那时她的婆婆和小姑子，对她非常不满意，嫌她家穷瞧不起她。

后来她嫁了过来，婆婆总是故意挑拨离间，小姑子也总是从中使坏，可是前几年，她婆婆得了重病，她每天守在医院，为婆婆擦身子、洗脚、陪她散步，有了委屈也丝毫没有怨言。

她小姑子的女儿，因为户口问题，上不了当地的重点中学，还是她张罗着，把这件事办了下来。

有些好事的人就问她："难道你就不记得，当初在这个家，被欺负得有多惨吗？"

她居然用一副云淡风轻的态度说："毕竟我们都是一家人，没必要斤斤计较。"

这些年，她因为性格好，待人和善，为人处世非常周全，因此也得到了许多贵人的相助，因为心态好，所以越活越年轻，长相越来越漂亮。

俗语说：相由心生。一个人的面相好，其实跟性格和人品有很大的关系。

一个看起来很美的女人，总是有脾气温和、善解人意、心胸开阔的优点。

而一个看起来很丑的女人，多半性情暴躁、小肚鸡肠、斤斤计较。

其实层次越高的女人，越爱美。

这样的美，不仅需要外在形象的体现，也需要你对生活抱有积极乐观的态度，最根本的是，你还要心地善良。

记得杨澜曾分享过自己曾在国外留学，因为不注意形象，结果被房东嫌弃，被面试官拒绝，被陌生人提醒的故事。

她曾说："没有人有义务必须透过连你自己都毫不在意的邋遢外表去发现你的优秀内在，你必须精致，这是女人的尊严。"

我们通常很难喜欢上一个只是懂得涂脂抹粉，但是不够热爱生活的女人。因为一个女人对待生活的态度，才是她真正内在的品质。

奥黛丽·赫本曾说："迷人的双唇在于亲切友善的语言，可爱的双眼是因为它善于看到别人的优点，苗条的身材是因为将食物与饥饿的人分享，美丽的秀发是因为孩子的双手经常抚摸它，而优雅的姿态来源于和知识同行。"

真正的美人，必定内外兼修。

做一个内心有光的人

01

前天，跟洋洋一起吃晚饭。她感叹道，如今工作不好做，客户不好说话，钱更是不好赚。

我问她："为什么突然有这样的感慨？"

她噼里啪啦的跟我讲起最近一段日子的各种糟心事。

我坐在她对面，只能听她说，但一句话也讲不出来。安慰显得无力，赞同也不是我的初心，所以沉默成了最好的回复。

不知道你有没有发现，无论你是上班族，还是老板，是帮别人干活，还是替自己卖命，几乎没有一份工作是不委屈的。

支撑我每天早起去上班的动力，不仅仅是因为薪水给我带来温饱、物质和稳定。更重要的是，我相信，这些棘手的事，难缠的人，都是人生的一场修行，这些经历，都是在提高、完善、造就更好的自己。

因为你赋予了工作更加美好的意义,所以即便有百般不称心,你也能更加从容地应对。

02

生活中，你一定会遇到这样的人。

开车，不守规矩，趾高气扬，逼停你；排队，不分先后，理直气壮，顶撞你；借钱，不讲道义，若无其事，不还你……

此时，你有没有觉得，他们特别自私、野蛮、不讲理。仿佛全世界，都充满了负能量、敌意和不好的事。

曾经有段时间，我经常这样想。

可是后来,当我遇见了一些人和一些事后,才发现原来生活中,还有许多真善美值得去挖掘。

比如有一次，我在商场左转右转，总是找不到停车位。后来碰到一位男司机，他见我很着急，于是主动把他的车位让给我。

有一次，我去医院，因为要等着空腹抽血，饿得脸色发青，排了很久也没轮到我，后来我前面的病人主动让医生先替我开了单子。

还有一次，一个很久没联系的熟人向我借钱。我本以为，这一次又石沉大海了，可是到了承诺的时间，熟人真的如数归还。

总有人说，这个世道很艰险，社会很现实，人性很冷漠，但更多时候，不是生活对我们使坏，而是我们没看到它好的一面，或者说只把眼光局限在坏的那面。

有的人，之所以活得快乐，并不是他真的没有忧愁，而是他们更愿意记住，那些即便微小但足够温暖人心的细节和瞬间。

而有的人，之所以活得憋屈，也并不是因为他们就真的没感受过来自陌生人的善意，而是他们总是跟不好的人和事过不去。

03

有些人，经历了分手，就说再也不相信爱情了。也有些人，经历了离异就认定自己再也不期待婚姻了。

我认为，持有这样观点的人不在少数。

因为选错过人，做错过决定，我们吃了不少感情的亏。

在你还没经历过时，会对它有无限的憧憬，可是真正接触后，你见多了太多背信弃义，亲自验证了其中的心酸和无奈。

这时你也心生质疑，这世间，是否真的存在真情？

我见过这样的人，永远对感情葆有最纯净的热忱和最足够的相信。

朋友颖宝，跟男友相恋多年，最后男友喜新厌旧，主动提出了分手，那段时间，她常常在深夜流泪，伤透了心，可是隔了一段时间后我问她，还会再爱吗？

她认真地点了点头。

我还有一个亲戚，因为前夫人品有问题，早已离异多年。

家里人都很怜悯她，觉得她遇人不淑。可是她经历了彻底的绝望后，却云淡风轻地说：“都过去了。”

如今的她，带着热情洋溢的笑容，正在谈对象。

我想那些真正得到幸福的人，也许并不是真的遇上了对的人，而是他们的好心态和美好的心愿。那些打心底生发出的爱，会一直护持他们，走向更好的明天。

04

我希望自己做一个内心有光的人。

我知道，人世间有太多不容易，也知道，将要面对许多未知的困难，更清楚，前方的路并不太好走。

可是那一束光，始终在提醒我，无论境遇如何，只要向阳而生，即便深陷黑暗之中，也能凭借心中的那份定力和勇气，找到出口，找到方向，找到想要成为的你自己。

学会把自己打开，人生才会越辽阔

01

看《卧虎藏龙》时，对这句话，记忆尤深：“当你握紧双手，里面什么也没有。当你打开双手，世界都在你手中。很多时候，我们都应该懂得舍弃，紧握双手，肯定是什么也没有，打开双手，至少还有希望，勇于放弃者精明，乐于放弃者聪明，善于放弃者高明。”

我曾经一直不明白，为什么想要的东西不去索求，而是要松开手，让它走。

也许是因为后来见过一些人，经过一些事，读过了一些书，对这句话，慢慢开始领悟。

不着急懂，也不强迫自己懂，悟到点什么，就是什么，直到你真正理解了它，也就理解了人生。

02

一直以来，我们都在强调努力的意义。

当然，到现在为止，我依旧认为，竭尽全力去努力，是作为普通人，最快的捷径，最好的选择，是唯一的出路。

于是大部分心怀壮志但先天条件有诸多不足的人，拼尽一生都在寻找他们想要的名利、地位和权势，或者是想要收到他人的尊重和敬仰。

可是无论我们如何努力，你终归要承认，天下的万事万物都有局限，做人也一样。

当然这样说，不是说出身不好、运气不好、没资历的人，再怎么折腾都无济于事。

而是你首先要认识到，努力也许可以给你带来你想要的一些东西，但它不可能完全满足你。

至少现在来看，无论你再怎么保养身体，终归也会有面临生死大限的那一天，而不是长生不老。

当你有了这点认识之后，才会觉得无论最终结果如何你都能坦然面对。因此彼时你的努力，并不是为了非要达到某一个终点，而是这个过程让你付出过、努力过、尝试过，有了此生无憾的经历。

接下来，你就要更加努力地去实现自己的愿望。因为做到了第一点，你才能全力以赴的去努力。

无论成也好，败也罢，你在努力地突破自己的天花板，你去尝试你曾经害怕做的事，你去应对你曾经不敢面临的挑战，你去想象你曾经做梦都不敢想的可能性。

当你放下“自我”越多，不再死死地待在原地，做井底之蛙。

而是把自己慢慢打开，就像洋葱一样，一层一层地剥开，就越会发现，自己身上有更多的天赋，潜能，可塑性。

这个世上，根本就没有所谓天然的天才，但是一定有比你努力上百倍的“人才”。

03

有一句话说，这一生无论你遇到了谁，他都是在你生命中应该出现的人，绝非是偶然，他一定会教会你一些东西。

你是否有这样的感受，遇到对的人会让你觉得三生有幸。遇到错的人，会让你抱怨倒了八辈子血霉。

可是无论如何，所有对你好的，抛弃你的人，他们都已经出现在了你的生命里。

你决定以何种心态去看待他们的出现，远比去评价那个人该不该来，更有意义。

从缘分上来讲，不管你熟悉的还是陌生的人，都跟你有一定的缘分。据分析，人这一生会遇到大概 2920 万人，两个陌生人认识的概率大约只有千万分之五，两个人能相知的概率仅仅只有十亿分之三。

认识一些志同道合的朋友，是一件幸福的事。因为终于有人懂你、了解你，跟你有无话不说、心意相通的快乐。认识一些死缠烂打的烂人，至少不是坏事。因为你从中会慢慢看到人性的另一面，学会从容的接纳。

如果你嫁给了爱情，会成为众人艳羡的对象，因为这样的好运并不是人人都有，有许多人终其一生，都没找到理想的另一半。

如果你娶了合适的却不是爱的人，也不必觉得可惜。因为喜欢不一定要在一起，在一起的也不一定因为喜欢，许多人和事不一定件件都得称心如意。

无论你愿不愿意或者喜不喜欢，该出现的人，始终要出现，不该出现的人，也会出现，你唯一可以做的就是不要把心门紧闭，让该来的来，该走的走，该留的留。

有的人来，是给你长经验，有的人来，是为了温暖你的心。而有的人，也许没有任何意义，就是你生命长河里的过客而已。

不去执着，才会释然。不去计较，才会感到轻松。我们能做的，就是把这一切缘分，都慢慢内化为更好的自己。

04

生活在俗世中的我们，都不是圣人，我们都有作为常人该有的七情六欲。

我们也不是智者，也有害怕失去，恐惧困难，无法面对自己的时刻。

也许是为了生存，也许是为了生活，又或是为了渴望得到的一切，我们本能的以为手握的越紧，失去的就越少。

可是最后我们才明白，原来想走的你怎么留都留不住，得不到的你怎么追也赶不上，不属于你的怎么捆绑都会脱逃。

于是，我们学会了把自己放开，把别人放开，最终你的世界就会慢慢被打开。

我们努力，不再为了单一的目标，我们认识自己的缺点，也承认命运的极限。努力，为了更加丰富多彩的人生经历。

我们生活，不再为了唯一的幸福，我们懂得不完美也是一道风景,我们知晓自己一切的磨难和痛苦,都是为了提高自我的修为。

当你走出自我预设的牢笼，用更宽的视角，更大的格局，更高的境界，去看世界时，你的人生就会由狭隘变得宽广！